SR. HEIDEMARIE FÜHRER

ERMORDET IN KABUL

Vom Leben, Glauben und Kämpfen der Simone Beck

SCM

Stiftung Christliche Medien

SCM Hänssler ist ein Imprint der SCM Verlagsgruppe, die zur Stiftung Christliche Medien gehört, einer gemeinnützigen Stiftung, die sich für die Förderung und Verbreitung christlicher Bücher, Zeitschriften, Filme und Musik einsetzt.

Aus Sicherheitsgründen wurden ab dem Kapitel »Afghanistan« die Namen der meisten Personen wie auch Bezeichnungen von Volksgruppen und Sprachen geändert. Das zur Illustration verwendete Ornament كابل ist Dari und bedeutet Kabul.

© 2021 SCM Verlagsgruppe GmbH
Max-Eyth-Straße 41 · 71088 Holzgerlingen
Internet: www.scm-haenssler.de; E-Mail: info@scm-haenssler.de

Soweit nicht anders angegeben, sind die Bibelverse
folgender Ausgabe entnommen:
Lutherbibel, revidiert 2017, © 2016 Deutsche Bibelgesellschaft, Stuttgart

Weiter wurden verwendet:
LUT 1956: Lutherbibel, revidiert 1956/1964, ©1974 Württembergische Bibelanstalt Stuttgart.
NLB: Neues Leben. Die Bibel, © der deutschen Ausgabe 2002
und 2006 SCM-Verlag GmbH & Co. KG, Witten.
ELB: Elberfelder Bibel 2006, © 2006 by SCM-Verlag GmbH & Co. KG, Witten.
HFA: Hoffnung für alle ® Copyright © 1983, 1996, 2002, 2015 by Biblica, Inc.®. Verwendet mit freundlicher Genehmigung des Herausgebers
Fontis – Brunnen Basel
NEÜ: NeÜ bibel.heute © 2001-2012 Karl-Heinz Vanheiden,
www.kh-vanheiden.de. Alle Rechte vorbehalten.

Umschlaggestaltung: Erik Pabst, www.erikpabst.de
Titelbild: Foto Simone Beck: © privat; Foto Stadt:
© Ali Yasser Arwand (pexels.com)
Bildteil: © Familie Beck; außerdem S. 3: Mit freundlicher Genehmigung
von OM Ships, Mosbach
Autorenfoto: Studio 9 Photoatelier/Gudrun Eckert, VS-Villingen
Satz: typoscript GmbH, Walddorfhäslach
Druck und Bindung: GGP Media GmbH, Pößneck
Gedruckt in Deutschland
ISBN 978-3-7751-5888-6 · Bestell-Nr. 395.888

Für Anneliese, Christine und Magdalene,
für Jonas, Niklas und Lukas.

INHALT

VORWORT

Vor meinem Fenster spielt der Wind zärtlich in einer großen Blutbuche. Ohne Widerstand lösen sich die rostroten Blätter und fallen lautlos von Ast und Zweig. Der November regiert, mal kalt, mal mild.

Auch auf meinem Schreibtisch liegen Blätter: Briefe und ausgedruckte E-Mails von einer Frau, die lange Zeit in einem fremden Land in Asien arbeitete, kämpfte, litt. Sie teilte durch diese Blätter unzählige Erlebnisse, Erfolge und Rückschläge mit Verwandten und Freunden. Mit der Zeit lerne ich, zwischen den Zeilen ihrer Texte zu lesen. Das ist wichtig. Denn sie konnte nicht immer alles schreiben, was sie gern geschrieben hätte. Sie musste vorsichtig sein, um sich und andere nicht zu gefährden.

Fotos in großer Zahl, die ebenfalls vor mir liegen, veranschaulichen ihr Lebens-Bild, schwarz-weiß und bunt. Eine Fährtensuche, meist eine Gefährten-Suche von Neuseeland bis Kanada, von der Schweiz bis an die Nordsee beschäftigt mich und diejenigen, die mir dabei helfen: die nächsten Angehörigen, Freunde und Begleiter auf verschiedenen Wegstrecken. Ich sammle Erinnerungen wie verstreute Puzzleteile. Dabei nehme ich in Kauf, dass Erinnerungen von der persönlichen Deutung des Geschehens eingefärbt sind. Doch davon lebt diese Geschichte. Wir können nie alles in Augenschein nehmen. Das Unsagbare wissen wir nicht. Wir fühlen es.

Die vielen Länder, in denen Simone Beck unterwegs war, habe ich nie besucht. Ich muss deshalb mit Karten und Bildbänden vorliebnehmen, um die jeweilige Atmosphäre der Städte und Landschaften beschreiben zu können.

Ein kleines Aufnahmegerät, das einem Rasierapparat ähnelt, liegt bei den Papieren. Auf manchen Bildern hält Simone Beck ein solches Gerät in der Hand. Damit fing die Linguistin, die Sprachforscherin, in einem weltentrückten Hochtal unter dem Hindukusch Wörter, fremde Laute und unbekannte Geschichten ein, um die Sprache der Volksgruppe dort zu verschriftlichen. Es ist ein unscheinbares technisches Gerät, doch es stellt für mich eine winzige Verbindung zu einem Menschen her, den ich nicht persönlich gekannt habe, dessen Geschichte ich aber erzählen will. Und es verbindet mich noch etwas mit ihr: Die Liebe zu Gottes Wort, das lebendig, stark und tröstlich ist. Simone Beck hat einen hohen Preis dafür bezahlt, als Christin und Sprachforscherin irgendwo in Asien zu leben und zu arbeiten. Bescheiden, entschlossen und mit großer Hingabe lebte und wirkte sie unter den Menschen, die sie liebte. Sie arbeitete zäh und ausdauernd an einem großen Sprach- und Schriftprojekt.

Viele Frauen und Männer, allein oder mit ihren Familien, setzen in ähnlicher Weise ihre Kraft ein als Ärzte, Ingenieure, Brunnenbauer, Piloten, als Krankenschwestern und Hebammen. Und dies oft unter schwierigen Bedingungen an vielen Orten der Welt, auch in Westasien. Darum möchte ich diese Geschichte von Simone Beck stellvertretend auch für sie erzählen.

Wer dieses Buch liest, sollte es tun wie ein Bergsteiger: ruhig und gleichmäßig die Höhe gewinnen. Dort, das sei schon gesagt, wird er auf eines jener Rätsel stoßen, die auf Erden nicht gelöst werden können.

Ich wünsche mir, dass Gott jeden Leser segnen, berühren und ermutigen möge.

Sr. Heidemarie Führer
Villingen, im November 2019

PROLOG

Nun öffnete das Lamm das fünfte Siegel.
Da sah ich am Fuß des Altars die Seelen derer,
die umgebracht worden waren, weil sie an Gottes Wort festgehalten
und sich zur Botschaft von Jesus bekannt hatten.

Mit lauter Stimme riefen sie:
»Du heiliger und gerechter Herrscher!
Wie lange dauert es noch,
bis du über die Bewohner der Erde Gericht hältst
und sie dafür zur Rechenschaft ziehst,
dass unser Blut an ihren Händen klebt?«

Daraufhin
erhielt jeder von ihnen ein weißes Gewand,
und es wurde ihnen gesagt,
sie sollten noch eine kurze Zeit Geduld haben.
Ihre Zahl sei noch nicht vollständig;
denn auch unter ihren Geschwistern,
die wie sie Gott dienten, gebe es noch solche,
denen es bestimmt sei,
dasselbe Schicksal zu erleiden
und für ihren Glauben zu sterben.

Offenbarung 6,9-11 (NGÜ)

Mai 2017. Es ist Nacht in Kabul. Eine milde Wärme liegt über der dunklen Stadt. Kaltes Mondlicht fließt über die Hügel und die schneebedeckten Gipfel der Berge ringsum. Ein heftiger Wind rüttelt schon seit Stunden an den klapprigen Türen und Fensterläden der Häuser. Im siebten Polizeidistrikt haben sich die Bewohner eines Compounds in ihre Wohnungen zurückgezogen. Der Wachmann genießt hinter dem Tor, das zu dem Wohnkomplex führt, sein einfaches Abendbrot.

Ein Auto hält vor dem Tor. Türen werden zugeschlagen. Es wird energisch an die metallene, blau gestrichene Tür geklopft. Der Wächter öffnet. Sie töten ihn schnell und lautlos.

Zwei Frauen sitzen gemütlich beim Abendessen. Sie haben sich viel zu erzählen. Eine von ihnen hört verdächtige Geräusche, die andere meint, es sei der Wind. Doch schon stehen dunkle Gestalten im Türrahmen. Ein gellender Schrei zerreißt die Stille. Drei Schüsse aus nächster Nähe treffen eine der beiden Frauen tödlich, die andere wird betäubt und schnell weggeschleppt. Der Wagen fährt mit quietschenden Reifen davon.

Grauweiße Wolken schieben sich wie ein Schleier vor den bleichen Mond.

Es ist 19:30 Uhr, Ortszeit.

1. TRÄUME. WÜNSCHE. SCHMERZEN.

Denn ich weiß wohl,
was ich für Gedanken über euch habe,
spricht der Herr:
Gedanken des Friedens
und nicht des Leides, dass ich euch gebe
Zukunft und Hoffnung.

Jeremia 29,11

Sie lag schon eine Weile im Bett, als sie die Schritte der Mutter hörte. Ihr Herz klopfte bis zum Hals. Was würde die Mutter zu ihrem großen Traum sagen? Wie jeden Abend sprachen sie noch eine Weile über den vergangenen Tag. Dann beteten sie miteinander und wünschten sich eine gute Nacht. Die Mutter war schon auf dem Weg zur Tür, da sagte Simone plötzlich:

»Mama, ich will Missionarin werden. Darf ich das?«

Völlig überrascht machte die Mutter kehrt, setzte sich noch mal zu Simone ans Bett und nahm ihre Hand.

»Missionarin? Natürlich darfst du das, Simone. Aber wie kommst du denn darauf?«

In einigen Jungscharstunden war die Geschichte von Gladys Aylward erzählt worden. Die schottische Missionarin hatte mit vielen Vorurteilen zu kämpfen, ehe sie nach China ausreisen konnte. Da Simone auch täglich mit vielen Schwierigkeiten kämpfen musste, wurde Gladys für sie mehr und mehr zum Vorbild. Eine Missionarin wie Gladys, das wollte sie werden. Davon träumte sie.

Simones Mutter lag in dieser Nacht noch lange wach. Sie war vom Wunsch ihrer Tochter berührt und bewegt. Wie in einem Film zogen die vergangenen Jahre an ihr vorbei. Sollte Gott ihre Gebete erhört haben?

Anneliese, die Mutter von Simone, stammt aus dem Hohenlohischen, aus einem kleinen Dorf in der Nähe von Crailsheim. Als es um die Berufswahl ging, war sie unschlüssig, ob sie Kindergärtnerin oder Krankenschwester werden sollte. Ihr Konfirmator riet ihr eher zu Kindern als zu Kranken und vermittelte ihr einen Ausbildungsplatz bei den Großheppacher Diakonissen. Das Leitwort der Schwesternschaft: »Wir können Gott nur dadurch dienen, dass wir den Menschen dienen«, ist Anneliese Beck bis heute wichtig. Nach ihrer Ausbildung und einiger Erfahrung im Beruf wurde sie von der Oberin gebeten, einen Kindergarten in Dettingen an der Erms zu übernehmen. Dafür waren Pioniergeist, Durchhaltevermögen und Kreativität gefragt. Dies alles brachte die junge Frau reichlich mit. Trotzdem war die Aufgabe nicht einfach. Dass sie bald ihren Mann kennenlernte, versüßte die Schwierigkeiten, mit denen sie zu kämpfen hatte.

Es war damals üblich, dass auch die sogenannten Verbands-schwestern, die nicht der Diakonissen-Gemeinschaft angehörten, eine Tracht trugen. Deshalb erschien Schwester Anneliese an ihrem Dienstort im Outfit der Verbandsschwester. Walter Beck hatte als kleiner Junge von »seiner Großheppacher Kinderschwester Regine« geschwärmt. Inzwischen war er ein Industrie-Elektroniker, ein echter schwäbischer Tüftler. Sonntags besuchte er regelmäßig den Gottesdienst. Von der Empore aus, wo Anfang der 1960er-Jahre in der Dettinger Kirche noch alle Männer saßen, entdeckte er die Schwester mit ihrer weißen Haube. Die Dinge nahmen langsam, aber stetig, ihren Lauf.

Am 9. September 1967 war die Hochzeit, zwei Jahre später wurde Tochter Christine geboren, ein Jahr danach kam der Umzug ins eigene Haus. Und dann, im April 1973, wurde die Geburt des zweiten Kindes erwartet.

An einem regnerischen Mittwoch, es war der 25. April, setzten die Wehen ein, und Walter Beck fuhr seine Frau zur Entbindung ins Krankenhaus nach Bad Urach. Dort ging alles sehr schnell. Um 15:40 Uhr kam ein Mädchen auf die Welt, das schon längst die Stimme seiner Mutter gehört hatte. Doch als Anneliese Beck zum ersten Mal die Stimme ihres Kindes hörte, schrie es so sehr, dass sie bis heute diese nicht enden wollenden, verzweifelten Schreie im Ohr hat, sooft sie daran denkt. Das war nicht das erste natürliche Nach-Luft-Schnappen, damit sich die Lunge entfaltet und das Neugeborene auf das Leben außerhalb des Mutterleibes einstellen kann. Nichts war, wie es sein sollte. Die kleine Simone schrie und schrie und schrie. Niemand wusste Rat, niemand vermochte das Kind zu beruhigen, niemand konnte sich erklären, was dem Kind fehlte.

Die Mutter durfte das Kind nicht lang in den Armen halten. Um sie herum schnelle Schritte, ernste Mienen, gedämpfte Gespräche; zuckendes Blaulicht spiegelte sich in den Fensterscheiben. Eilig wurde ein Inkubator vorbereitet, eine Box, in der das Kind unter bestmöglichen Bedingungen nach Reutlingen in die Kinderklinik transportiert werden konnte. Die erschütterte Mutter blieb fassungslos zurück und bekam zunächst wenig Auskunft über den Zustand ihres Babys. Auf wiederholtes inständiges, drängendes Fragen nach ihrem Kind sagte schließlich jemand: »Es sieht nicht rosig aus.«

Simone wurde zwei Tage später in die Kinderklinik der Universität Tübingen verlegt. Dort traf das kleine Menschlein schon sterbend ein. Die Chirurgen öffneten kurzerhand den Brustkorb, denn die schwere Atemnot des Kindes deutete auf einen Verdrängungsprozess hin, der die Lungenflügel einklemmte und zusammendrückte. Viel Zeit blieb nicht. Zwar war kein Tumor vorhanden, dafür aber Luft, die – laienhaft ausgedrückt – aus einem Riss in der Lunge in den Brustraum strömte. Die Ärzte sprachen von einem Pneumothorax. Das Kind wollte durch das Schreien Atem schöpfen und bekam doch nicht genügend Luft in die Lungen, weil die Luft durch den Spalt wieder in den Brustraum strömte. Was die Ärzte machen konnten, taten sie so schnell wie möglich, um das Leben von Simone zu retten.

Simones Mutter hatte beschlossen, Gott zu vertrauen, dass sein Plan für Simone gut war – wie auch immer der aussehen würde. Obwohl sie dunkle Stunden durchlebte und Zweifel an ihr nagten, betete sie für Simone genauso, wie sie es auch für Christine getan hatte: dass sie eines Tages Gott und seinen Sohn Jesus Christus erkennen und lieben und ihm ihr Leben anvertrauen würde.

Täglich besuchten die Eltern ihre Tochter in der Tübinger Kinderklinik. Sie mussten hilflos mit ansehen, wie ihr Kind ums Leben kämpfte, und durften es nicht einmal berühren und liebkosen. Das war hart. Und kein Arzt konnte ihnen sagen, ob Simone überleben und wieder gesund werden würde. Daheim konnte es die dreieinhalb Jahre ältere Christine kaum erwarten, endlich Simone zu sehen.

»Simone darf nicht besucht werden!«, lasen die erschrockenen Eltern eines Tages an der Tür zum Kinderzimmer. Wegen einer schweren, ansteckenden Lungenentzündung war das Baby isoliert worden. Wieder eine niederschmetternde Nachricht, noch eine Lebensbedrohung für das kleine Kind. Den Eltern blieb nichts anderes übrig, als wieder nach Hause zu fahren, zu beten, zu hoffen und zu bangen. Was kaum zu erwarten war, geschah: Simone überwand die Infektion und erholte sich langsam von ihrer schweren Erkrankung. Es lässt sich nicht einmal genau erklären, wie der Riss verheilte und die Atemluft endlich die Lungen füllte. Vermutlich verklebte die offene Stelle, und einwachsende Zellen heilten mit der Zeit den Schaden. Es war ein Wunder. Am 25. April war Simone geboren worden, am 29. Juni konnten die Eltern sie endlich nach Hause holen.

Beim Abschied meinte ein besorgter Arzt: »Sie müssen damit rechnen, dass Simone bleibende Schäden von dieser Erkrankung davongetragen hat. Die Sauerstoffversorgung des Gehirns war leider nicht immer gut.« Dies erfüllte die Eltern mit großer Sorge.

Versetzen wir uns in die Lage von Simone: Sie erlebte nach neun Monaten Leben ihre erste schmerzliche Ent-Bindung aus einem Raum der Geborgenheit und Sicherheit. Und anstatt von den Armen der Mutter aus ihre neue und fremde Umwelt betrachten zu können, brach plötzlich über sie eine unerwartet wilde, bedrohliche Welt herein. Im Gegensatz zu den Erwachsenen konnte sie nichts davon erzählen, wie sie in diesen Wochen gelitten, wie ungeborgen sie sich gefühlt hatte. Sie konnte niemandem sagen, welche Ängste sie durchlebt hatte, wie viele fremde Stimmen sie erschreckt, wie viele bedrohlich große Gesichter sich über sie gebeugt, welche Eingriffe ihr Schmerzen bereitet hatten. Da war nur ein stummer Schrei völliger Verlassenheit in ihr, der aus der Tiefe kam. Den hörte kein Mensch, nicht einmal sie selbst. Sie nahm einen verborgenen Riss mit in ihr Leben, von dessen Vorhandensein ihr nichts bewusst war.

Aber es gibt jemand, der stumme Schreie hört: ihr Schöpfer. Gott heilt auch die verborgenen Wunden. Hier scheint ein Grund zu liegen für eine enorme Stärke, für eine erstaunliche Willens-, Widerstands- und Schaffenskraft, die Simone in späteren Jahren an den Tag legen wird. Dazu kommen ihr der Pioniergeist und die Kreativität der Mutter und der Erfindergeist des Vaters zugute.

2. EINE GROSSE AUFGABE

Herr,
ich danke dir dafür, dass du mich so wunderbar
und einzigartig gemacht hast!
Als ich gerade erst entstand, hast du mich schon gesehen.
Alle Tage meines Lebens
hast du in dein Buch geschrieben –
noch bevor einer von ihnen begann!

Wie überwältigend
sind deine Gedanken für mich,
o Gott,
es sind so unfassbar viele!
Sie sind zahlreicher als der Sand am Meer;
wollte ich sie alle zählen,
ich käme nie zum Ende!

Psalm 139,14.16-18 (HFA)

Das unauffällige, mehrgeschossige Eckhaus der Familie Beck liegt an einer breiten Straße und hat eine Doppelgarage mit einer großzügigen Auffahrt davor. Rechts von der Haustür rankt sich Efeu an der Mauer hoch, manchmal verdeckt es die Hausnummer. Da das Anwesen an der Straße liegt, hat mich die Stille und der weite Blick auf der Rückseite des Hauses überrascht: Sanft ansteigende Streuobstwiesen, ein kleiner Bach murmelt munter den Hang herunter, ein schmaler Weg schlängelt sich hinauf bis zum Hochplateau der Schwäbischen Alb.

Christine hatte sich sehr über die Ankunft ihrer kleinen Schwester gefreut. Immer wieder schlich sie zu dem Stubenwagen, in dem Simone meistens schlief. Endlich hatte sie jemand, mit dem sie bald richtig spielen und sprechen konnte. Die Erwachsenen waren dazu nicht immer zu gebrauchen. Wenn sie mit der Mutter einkaufen ging, durfte sie sich meistens etwas aussuchen. So war es auch bald nach dem Einzug von Simone. Christine wählte diesmal zehn bunte Kaugummikugeln aus, die sie in den Einkaufswagen legte. Zu Hause angekommen, lief sie gleich zu ihrem Schwesterchen und schob ihr eine leuchtend rote Kugel in den Mund. Simone freute sich sichtlich darüber. Deshalb opferte Christine alle ihre Kugeln. Als gerade das letzte Objekt der Freude im Mund des Babys verschwand, kam die Mutter ins Zimmer und war hell entsetzt. Simone konnte – glücklicherweise – noch nicht kauen, nur lutschen und schlucken. Und so kamen die Kugeln einige Zeit später auf natürliche Weise wieder ans Tageslicht.

Ein Problem hatte die mangelnde Durchblutung des Gehirns nach Simones Geburt verursacht: Sie hatte das Gebiet, das für das Verhältnis von Hunger und Sättigung zuständig ist, aus dem Gleichgewicht gebracht. Simones Gehirn meldete nicht: Du bist satt! Die Mutter musste diese Aufgabe übernehmen. Umgekehrt muss Simone immer unter einem Hungergefühl gelitten haben. Wie soll das ein Kind verstehen? Außerdem fand ein Kinderarzt heraus, dass Simone unter starken Kopfschmerzen litt, deren Auslöser eine starke Sehschwäche war. Simone war zäh und ausdauernd, wenn sie trotz ihrer Einschränkungen etwas erreichen wollte. Das zeigte sich auch beim Klettergerüst auf dem Spielplatz. Sie ruhte nicht, bis sie – nach vielen Anläufen – die Spitze erreicht hatte.

Nach der Geburt von Magdalene war das Dreimädelhaus komplett. Rechnet man noch alle Freundinnen der drei hinzu, so ging es im Beck'schen Eckhaus meist lebhaft und lustig zu. Und hinter dem Haus war genügend Platz, um zu toben und zu spielen.

Die Familie konnte wenig zusammenhängenden Urlaub machen. Der Vater, der elektronische Steuerungen für Pressen, Zentrifugen, Förderbänder und Tunnelbohrmaschinen entwickelte, musste erreichbar sein. Falls eine Steuerung nicht richtig funktionierte und zum Beispiel ein Transportband ausfiel, musste der Schaden schnell behoben werden, um die Firma vor größeren Verlusten zu bewahren. Als Urlaubsersatz stand bei der Familie Zelten am Bodensee hoch im Kurs. Auch wenn es nur ein verlängertes Wochenende war, genossen es alle. Außerdem wurde viel und stramm gewandert. Die Mutter musste zwar manche Überredungskunst anwenden, um die Mädels dafür zu gewinnen, aber wenn erst einmal alle auf der Strecke waren, dann gab es kein Halten mehr. So wurde die nähere und weitere Umgebung erobert. Die Eltern erzählten vom »Stuttgarter Hutzelmännchen«, vom Blautopf und der »schönen Lau« und andere Geschichten, nicht nur vom Dichter Eduard Mörike. Schier unerschöpflich waren die Sagen um die Burgen und Schlösser auf der Schwäbischen Alb.

In Dettingen fanden immer wieder sogenannte Zelt-Evangelisationen statt, eine intensive Verkündigung des Evangeliums an mehreren Abenden hintereinander. In dieser Zeit wurde auch den Kindern ein spannendes extra Programm geboten. »Die Dettinger Kinder kamen in Scharen zu den Nachmittagen. Die waren einfach großartig«, erinnern sich Christine und Magdalene. Simone war auch eifrig dabei. Immer wieder sprach sie von ihrem großen Traum: »Ich will Missionarin in China werden!« Später erwähnte sie unter dem Stichwort »innerer Werdegang« die regelmäßige Teilnahme am Kindergottesdienst. Auch dort kann der Grund für die spätere Berufung gelegt worden sein. Die verborgenen Impulse, die Gott in ein Leben hineinsendet, sind immer die spannendsten. Simone erzählte weder damals noch später viel davon. Aber jede Biografie von Missionaren, die sie in die Hände bekam, verschlang sie; sie war dann kaum noch ansprechbar, so sehr fesselten sie diese Lebensbilder.

Simone wurde mit der Zeit selbstbewusster. Sie ging gern in die Schule, zumal sie immer mehr entdeckte, was sie alles konnte. Die Entwicklung des Säuglings, der – vom Lebenskampf gezeichnet – in seinem Bettchen lag, bis zu der fröhlichen Schulanfängerin ist beeindruckend. Rein äußerlich waren beim Schuleintritt die Zeichen des erlittenen Traumas überhaupt nicht mehr zu sehen. Vermutlich hat der Neurobiologe Gerald Hüther[1] recht, wenn er schreibt, dass der Mensch bei seiner Geburt noch über einen großen Überschuss an Nervenzellen verfügt. Dieses Reservoir kann vom Körper genutzt werden, um Verbindungen, die vor der Geburt noch nicht hergestellt wurden, danach doch noch zusammenzuschalten. Gott, unser Schöpfer, schickt uns also mit einem Überschuss auf die Welt! Er gibt uns mehr, als wir brauchen. Ein bedingungsloser Vorschuss der Liebe Gottes. Und wenn man es recht bedenkt, dann ist dieses großzügige Angebot an Möglichkeiten nicht nur auf die Nervenzellen im Gehirn beschränkt.

»Du bist unser Wunderkind«, sagte die Mutter oft zu Simone, die das gar nicht gerne hörte. Aber es wirkten viele wunderbare Dinge zusammen: offensichtliche, wie die aufmerksame Zuwendung der Mutter, die Gemeinschaft der Geschwister untereinander, die Ruhe des Vaters, der gesicherte Rückzugsort im Haus; dann auch verborgene, wie die geheimnisvolle Wirkungsweise des kindlichen Gehirns, das, richtig angeregt, erstaunliche Leistungen vollbringen kann. Und nicht zu vergessen, die Gebete der Mutter und die Fürbitte all derer, denen die Heilung von Simone auf dem Herzen lag.

Nach dem Besuch der Schillerschule (Grundschule) in Dettingen wechselte Simone 1984 ins Graf-Eberhard-Gymnasium in Bad Urach. Ein Mitschüler charakterisierte sie einmal mit einem kleinen Reim: »Simone spricht immer leise, aber was sie sagt, ist weise.« Sie gehörte zu den Besten ihrer Klasse.

Die Konfirmation und die Vorbereitung darauf nahm Simone sehr ernst. Sie war stiller als sonst, in sich gekehrt. Vielleicht machte sie es an ihrer Konfirmation noch einmal entschlossen fest: »Mein Gott, ich will dir als Missionarin unter fremden Völkern dienen. Und darauf will ich mich gut vorbereiten.« Ihr Konfirmationsspruch, den ihr Pfarrer Werner Beuerle zusprach, bestätigte diesen Wunsch und verstärkte ihn: *Denn ich schäme mich des Evangeliums von Christus nicht; denn es ist eine Kraft Gottes, die da selig macht alle, die daran glauben* (Römer 1,16; LUT 1956). Dieses Bibelwort begleitete sie ihr ganzes Leben.

Obwohl sie das Abitur spielend geschafft hätte, ging Simone nach der zehnten Klasse vom Gymnasium ab. Ihr Argument: »Ich will Missionarin werden. Dazu brauche ich kein Abi, aber einen Beruf.« Zunächst ließ sie sich auf der Fachschule für Sozialpädagogik in Weinstadt zur staatlich anerkannten Erzieherin ausbilden und sammelte danach von 1994 bis 1998 Erfahrungen in ihrem Beruf. Diese Zeit war aber auch eine Zeit der Unsicherheit, eine Zeit des Fragens und Suchens: Wie soll es weitergehen? Soll ich wirklich Missionarin werden? Oder war alles doch nur ein kindlicher Einfall? Nur ein Traum? Wenn es aber kein Traum, sondern Gottes Ziel für mich ist, wie kann ich mich am besten dafür vorbereiten?

Durch Freunde kam sie in Kontakt mit Operation Mobilisation (OM) in Mosbach. In dieser idyllischen Kleinstadt im Odenwald ist das Missions- und Hilfswerk mit dem ungewöhnlichen Namen angesiedelt. Von einer zur Zentrale umgebauten alten Mühle aus werden die internationalen Aufgaben in aller Stille bearbeitet und organisiert. OM hat rund 3500 Mitarbeiter in über 110 Ländern.

1994 ging Simone nach London zu einem vierwöchigen Sommereinsatz mit OM England. Das tat nicht nur ihren englischen Sprachkenntnissen gut, sondern sie lernte auch die Arbeitsweise von OM näher kennen. Außerdem studierte sie gründlich Bücher und Broschüren der Organisation. Dabei faszinierte sie die weltweite Arbeit von *OM Ships*. Sie bekam auch die neu veröffentlichte schmale DIN-A4-Broschüre über die Geschichte dreier außergewöhnlicher Schiffe – Logos, Doulos, Logos II – in die Hand. Auf dem Klappentext las sie:

»Vor 30 Jahren konnte sich niemand vorstellen, dass es dieser internationalen Gruppe von jungen Menschen tatsächlich gelingen würde, dieses schier unmögliche Vorhaben zu verwirklichen: Ein Schiff zu kaufen, es umzubauen und damit die Häfen der ganzen

Welt zu besuchen, um die gute Nachricht zu verkünden und den Menschen vor Ort direkte Hilfe zu leisten … Heute haben bereits mehrere Tausend Menschen nicht auf einem, sondern auf drei Schiffen gearbeitet … – zusammen haben sie mehr als 130 Länder besucht und über 26 Millionen Menschen beherbergt (oft mehrere Tausend Besucher pro Tag).«

Nun beschäftigte sich die junge Frau mit den klar umrissenen Bedingungen und den Möglichkeiten eines solchen Schiffseinsatzes, die dazu herausforderten, mehr aus dem eigenen Leben zu machen und anderen Menschen auf der Welt Bildung, Hilfe und Hoffnung zu bringen. Fand der Einsatz an Land statt, wurden Gemeinden unterstützt, Krankenhäuser, Altenheime, Schulen besucht, um auf die jeweilige Situation zugeschnittene evangelistische oder soziale Projekte durchzuführen. Das waren sehr breit gefächerte Angebote, die den eigenen Horizont erweiterten. Vorausgesetzt: Man hielt durch und kam in den Genuss all des Segens, der in dieser Arbeit steckte.

Was Simone über die Schiffs-Arbeit erfahren, was sie bei Besuchen von OM Deutschland in Mosbach an Gemeinschaft erlebt hatte, verstärkte in ihr den Wunsch, sich zu diesem Dienst und Wagnis aufzumachen. Sie betete um Gewissheit, besprach sich mit guten Freunden und ihrem Gemeindepfarrer. Bald war sie sicher, dass sie sich für einen zweijährigen Missionseinsatz auf der Doulos bewerben sollte. Dieses Schiff bereiste damals besonders die asiatische Welt, Indien, den Nahen Osten und Ostafrika. Es schreckte Simone nicht ab, dass sie mit äußerst harten Bedingungen konfrontiert werden könnte. Sie wollte die Nagelprobe machen: Tauge ich zur Missionarin? Kann ich Schwierigkeiten aushalten? Ertrage ich auch problematische klimatische Verhältnisse? Kann ich mich auf völlig anders geprägte Menschen um der Liebe Jesu willen einlassen? Oder träume und rede ich nur davon?

Nach verschiedenen Gesprächen mit der Personalführung in Mosbach wurde sie als Mitarbeiterin auf dem Missionsschiff Doulos angenommen. Nach und nach fand sie für den freiwilligen zweijährigen Schiffseinsatz auch einen Kreis, der sie während dieser Zeit verbindlich mit Gebeten und finanziell unterstützte.

Am 4. August 1996 war es so weit. Vor der versammelten Gemeinde in der Stiftskirche von Dettingen, in der sie konfirmiert worden war, wurde sie für den Dienst auf der Doulos ausgesandt und gesegnet. Hans-Jörg Dinkel, der Gemeindepfarrer, mit dem sie viel über ihren Einsatz gesprochen hatte, sagte unter anderem: »Gott hat Ihnen die Tür geöffnet für einen Dienst auf dem Missionsschiff Doulos ... Dass dies kein normales Schiff ist, zeigt schon sein Name. ›Doulos‹ heißt Knecht, Sklave. Es stellt sich Gott ganz zur Verfügung zur Verbreitung des Evangeliums in der Welt. Ich meine, auch bei Ihnen die Bereitschaft zu erkennen, sich ganz dem Herrn Jesus Christus zur Verfügung zu stellen. Das ist großartig. Auch für eine Gemeinde, wenn sie solche jungen Leute in ihrer Mitte hat. Das bedeutet auch für uns ein bleibender Segen, auch wenn Sie von hier weggehen. Aber das macht anderen Mut, es auch so mit Gott zu wagen.«

Und Pfarrer Gerhard Gläser gab ihr ein vertrautes Bibelwort mit auf den Weg: *Ich schäme mich des Evangeliums von Christus nicht; denn es ist eine Kraft Gottes, die da selig macht alle, die daran glauben* (Römer 1,16). Er fuhr fort: »Liebe Simone! Du hast vor acht Jahren am Tag deiner Konfirmation an dieser Stätte dieses Wort schon als deinen Denkspruch empfangen, als Wort für dein ganzes Leben. Damals hat sich freilich äußerlich noch nichts in deinem

Leben verändert. Du bist nach wie vor im Elternhaus geblieben in unserer Dettinger Gemeinde. Aber nun ist ein großer Einschnitt in deinem Leben: Du brichst auf zum Dienst für Jesus mit Menschen aus ganz verschiedenen Ländern, die du noch nicht kennst, zum Dienst in einer ganz anderen Welt, an Menschen, die einen anderen Glauben haben, in einer ganz anderen Lebenssituation stehen … Gehe getrost und gehorsam unter diesem Wort in deinen neuen Lebensabschnitt hinein, in den besonderen Dienst für Jesus, deinen Herrn, in Ostasien und anderswo. Du darfst dich auf dies Wort, auf diesen Herrn, verlassen.«

Simone erzählte kurz, wie sie Gottes Führung bisher erlebt hatte, und dankte für das Vorrecht, eine betende Gemeinde hinter sich zu wissen. Nach dem feierlichen Gottesdienst hieß es Abschied nehmen von lieben Menschen, die vertraute Umgebung und die Heimat am Fuße der Schwäbischen Alb zu verlassen. Sie erlebte wieder eine Ent-Bindung, diesmal aus einer Welt der Ordnung und Struktur, wo Kontakte und Beziehungen leicht zu knüpfen sind.

Nochmals gute Wünsche: »Gott segne Dich!« »Ich bete für Dich!« »Bleib behütet und bewahrt!« »Lass von Dir hören!« Hände schütteln, letzte Umarmungen – die Trennung fiel schwer. Doch Simone musste noch manche Dinge erledigen, musste packen, höchstens 23 kg Gepäck, mehr war nicht erlaubt. Und dann ging die Reise los, erste Station: die Niederlande.

3. EINE GROSSE HERAUSFORDERUNG

Jesus rief seine Jünger
und die Menschenmenge zu sich und sagte:
»Wer mein Jünger sein will,
darf nicht mehr sich selbst in den Mittelpunkt stellen,
sondern muss sein Kreuz auf sich nehmen
und mir nachfolgen.
Denn wer sich an sein Leben klammert,
der wird es verlieren.
Wer aber sein Leben für mich
und für Gottes rettende Botschaft aufgibt,
der wird es für immer gewinnen.«

Markus 8,34-35 (HFA)

Wer mit einem Schiff von OM auf Missionsreise geht, begibt sich nicht auf eine fidele Kreuzfahrt, sondern muss sich auf eine starke physische, psychische und geistliche Herausforderung einstellen. Darauf werden alle Teilnehmer – so gut es geht – vorbereitet. Dies geschieht durch gute Vorträge über Gemeinschaft, Einsatzfreude und Gebet und durch das Studium von Bibeltexten wie Markus 8,34-35. Allerdings braucht es ein ganzes Leben, solche Texte wirklich im Innersten zu begreifen.

Simones Missionseinsatz begann am 1. September 1996 mit einer zweiwöchigen intensiven Schulung in Zwolle am IJsselmeer auf einer *GO Conference*. »GO« steht für »Global-Orientation«. Es kann aber auch in einem übertragenen Sinn gedeutet werden: Geh!

2018 erlebte ich eine *GO Conference* mit. Ich setzte mich unter die jungen Leute, die ausgesandt werden sollten, nahm mit ihnen die Mahlzeiten auf den rötlich-braunen Bänken der Biertischgarnituren ein, hörte ihnen zu, radebrechte mit ihnen auf Englisch, so gut es ging. Der Personalchef, der selbst in dieser Eigenschaft manchen Schiffseinsatz mitgemacht hatte, sagte mir, dass in der Regel nur junge Leute den Härten und Herausforderungen eines solchen Einsatzes gewachsen seien. Ich begegnete einigen Teilnehmern, die mit Simone auf der Doulos zusammen gewesen waren. Bei allem stellte ich mir Simone vor, mittendrin unter so einer großen Gruppe junger Leute, die sich für ihren Einsatz vorbereiteten, wie sie neugierig und interessiert zuhörte und sich an allen Begegnungen erfreute.

In Zwolle traf Simone zum ersten Mal die Ansprechpartner für ihr Einsatzgebiet und alle anderen sechsundsechzig Neu-Einsteiger, die mit ihr den Flug nach Hongkong antreten würden. Dort sollten dann noch andere aus dem asiatischen Raum hinzukommen. Auf der *GO Conference* konnte sich jeder nochmals ganz klar darüber werden, was es bedeutet, sich von Jesus in Dienst nehmen zu lassen: Bin ich dazu bereit, tagein, tagaus Gemüse zu putzen, in der Wäscherei oder in der Reinigung zu arbeiten, unter Deck im

Maschinenraum zu verschwinden, während sich an Deck das pralle Leben mit Besuchern und Empfängen abspielt? Bin ich dazu bereit, mich auf dem Schiff und an Land dorthin senden zu lassen, wo ich gebraucht werde? – Engagierte Gespräche darüber, leidenschaftliche Gebetsgemeinschaften und gegenseitige Ermutigung ließen die Gruppe zusammenwachsen.

Schon auf dem Schiff würden sie mit Menschen aus ganz verschiedenen Nationen und ihren kulturellen Prägungen auf engstem Raum aufeinandertreffen. Deshalb wurden die angehenden Missionare auf die kulturellen Unterschiede und die anderen Lebensstile vorbereitet, mit denen sie bald konfrontiert werden würden. Scheinbar alltägliche Situationen konnten zu Konflikten führen, wie zum Beispiel: Wie nehme ich meinen Nachbarn wahr, den ich lieben soll wie mich selbst (Markus 12,31), der aber mit seinen Schweißfüßen die ganze Kabine verpestet? Wie reagiere ich auf seine Nationalität, sein Äußeres, seinen Charakter? Wie verträgt sich deutsche Gründlichkeit mit brasilianischer Großzügigkeit? Wie verhalte ich mich, wenn andere mich kritisieren oder falsch einschätzen?

Der Unterricht zielte auch darauf ab, sich und seine Meinung nicht zum Maß aller Dinge zu machen. Zusammengefasst lautete die Frage: Ähnelt deine Weltanschauung der von Jesus oder wird sie eher von der Kultur bestimmt, aus der du kommst? Was prägt deine Sichtweise und dein Handeln? Den angehenden Missionaren gegenüber wurde nichts idealisiert. Jesus nachzufolgen, war mit persönlicher Hingabe und entschlossenem Einsatz und manchem Opfer verbunden.

Die Trainingsrunden wurden nicht »Unterricht«, sondern »Discovery-Stunden« (Entdeckerstunden) genannt. Darin konnte jeder ständig etwas Neues über sich selbst, über die anderen, über Gott entdecken. Bei aller jugendlichen Begeisterung lag doch ein großer Ernst über der Gruppe. Alle waren entschlossen, die große Herausforderung anzunehmen. Diese Tage des Hörens und Lernens, des Gebets und Gesprächs, die Simone mit ihren Kommilitonen erlebte, wurden abgeschlossen mit einer bewegenden Stunde der Wortverkündigung und der Sendung der Gruppe zum Dienst auf der Doulos.

Nun hieß es: Koffer packen, Bus besteigen, zum Terminal fahren und dann den etwa elfstündigen Flug von Amsterdam nach Hongkong anzutreten.

4. MEER, WIND UND NEUE UFER.

Weise mir, Herr,
deinen Weg,
dass ich wandle in deiner Wahrheit;
erhalte mein Herz
bei dem einen, dass ich deinen Namen fürchte.
Ich danke dir,
Herr, mein Gott, von ganzem Herzen
und ehre deinen Namen ewiglich.
Psalm 86,11-12

Die Maschine setzte im ersten Morgenlicht des 16. September zur Landung auf dem *Kai-Tak*-Flughafen in Hongkong an, bekannt als eine der gefährlichsten Landungen der Welt. Eine hohe Hügelkette ließ einen direkten Anflug auf die Landebahn nicht zu und verlangte deshalb ein kompliziertes Flugmanöver. Das Flugzeug musste ziemlich tief zwischen hohen Hügelketten rechts und links hereinschweben, davor riesige Hochhäuser schier ohne Zahl. Es war, als flöge der Riesenvogel in einem großen Canyon aus Häusern. Unter ihnen war der Viktoriahafen und die fast vier Kilometer lange Landebahn 13, die zugleich Startbahn war, gesäumt von Grünflächen. Die Kunst des Piloten bestand nun darin, an einer bestimmten Stelle und nach einem digitalen Signal eine scharfe Rechtskurve zu fliegen und dann mitten in der Stadt zu landen. Für dieses Manöver blieben ihm nur Bruchteile von Sekunden. Gelang es ihm nicht, endete der Flug im Meer. Doch bald brandete erleichterter Applaus der Passagiere auf, die Maschine war gut gelandet. Zwei Jahre später wurde der *Kai Tak* geschlossen und vom Flughafen *Chek Lap Kok* abgelöst, der auf einer künstlich aufgeschütteten Insel angelegt wurde.

Hongkong war noch britische Kronkolonie, einige Monate später, am 1. Juli 1997, wurde der Inselstaat an China zurückgegeben.

Die OMer mussten noch einige Zeit wegen eines Sicherheitstrainings an Land verbringen. 1988 hatte das Missionsschiff Logos einen dramatischen Schiffbruch im Beagle-Kanal im Süden Argentiniens erlitten. Es kam zwar damals niemand dabei ums Leben, alle wurden gerettet, aber nur mit dem, was jeder auf dem Leib trug. Für die Mannschaft jener Tage war es ein traumatisches Erlebnis. Darum wurde das Sicherheitstraining sorgfältig und gründlich durchgeführt. Um echte Situationen zu simulieren, wurde dafür auch ein Schwimmbad genutzt. Manch einer flog dabei ungewollt ins Wasser, und eine Wasserschlacht löste alle Verkrampfungen. Nichtsdestotrotz, diese Übungen, die für den Ernstfall gut sitzen mussten, schweißte die *Pre-Shipper* noch enger zusammen.

In der Zeit des Sicherheitstrainings konnte auch die Stadt erkundet werden. Was für eine Stadt! Durch die kleine Informationsbroschüre für Touristen erfuhr Simone, dass die ganze Stadt mit über sieben Millionen Menschen auf nur 1 100 Quadratkilometern zusammengedrängt ist. Zum Vergleich war Mallorca angegeben, das mehr als dreimal größer ist, aber nur etwa 800 000 Einwohner hat. Zudem strömen nach Hongkong jährlich etwa zwanzig Millionen Touristen, nach Mallorca etwa zwölf Millionen. So war es für Simone nicht verwunderlich, dass sie sich mehr als einmal den Hals verrenken musste, wenn sie in den engen Straßenschluchten auch einmal die Spitze eines Hochhauses sehen wollte. Fünfzig bis sechzig Stockwerke waren keine Seltenheit. In den Glasfassaden spiegelte sich der Himmel oder ein anderer, höherer Wolkenkratzer – Glanz und Glamour, wohin das Auge blickte. Simones kleiner beschaulicher Heimatort, Dettingen an der Erms, war ein unscheinbares Liliput dagegen. Und dann diese Menschenmassen! Sie schoben sich hastig durch die Straßen. Das Leben dieser Stadt war ungemein schnell und kompliziert. Auffallend waren die zahllosen jungen Leute, die freundlich, eilig und ernst ihrer Wege gingen.

In Amsterdam, der Kulturhauptstadt der Niederlande, hatte Simone schon ein wenig das Flair der großen Welt erahnen können. Die Grachten mit ihren ruhig dahingleitenden kleinen Schiffen, die unzähligen Fahrräder, mit denen die Menschen unterwegs waren, ließen Amsterdam in ihren Augen heiter, jung und lässig erscheinen. Hongkong dagegen empfand sie als atemlos, hektisch, wie unter Strom. Die Metropole ist einer der bedeutendsten Finanzplätze der Welt, die spektakulären Wolkenkratzer der Banken – es gibt Hunderte von ihnen – formen die Skyline. Der Lebensstil ist einfach, fast asketisch. Man hat wenig Zeit für sich, man lebt für die Firma. Die Jagd nach Geld, Job und Karriere kann sehr brutale Züge annehmen. Bei Gesprächen, die Simone mit einigen Hongkong-Chinesen führen konnte, spürte sie diesen Druck, der für die Menschen so ermüdend ist.

In Hongkong lag endlich die Doulos vor ihnen. Ihr neues Zuhause war 1914 gebaut worden und war damit die älteste »Dame«, die damals auf den Weltmeeren unterwegs war. Sie war 137 Meter lang und 16 Meter breit. Zuletzt hatte sie als Kreuzfahrtschiff gedient, dann wurde sie von OM übernommen und in aufwendiger Arbeit mit vielen freiwilligen Helfern zur Doulos umgebaut. Seit 1977 fuhr sie unter diesem Namen und hatte bisher 300 verschiedene Häfen in über 80 Ländern besucht. Der niedrig gehaltene Schornstein ragte hinter der Brücke und dem Funkdeck wie ein ausgestreckter Finger in den Himmel. Daran waren die weithin sichtbaren riesigen Buchstaben montiert: »GBA – Gute Bücher für Alle«. Die Doulos beherbergte die weltgrößte schwimmende Buchausstellung mit über 4 000 Titeln allgemeinbildender und christlicher Literatur sowie Bibeln in vielen Sprachen und Formaten.

Am 3. Oktober 1996 konnten die *Pre-Shipper* endlich an Bord gehen. Insgesamt waren es 107 junge Erwachsene, die sich auf diesen Tag vorbereitet hatten. Es gab fünf Arbeits-Abteilungen für die Neulinge: Küche und Speisesaal, Putz-Team, Buchladen, Maschinenraum und das Deck. Das Personalteam an Bord musste sehen, wo die neuen Mitarbeiter am besten einzusetzen waren. Es verließen immer Leute das Schiff, die dann ersetzt werden mussten. Dadurch konnte nicht jeder gleich seinen Traumjob machen, sondern musste sich an den Platz stellen lassen, an dem eine Lücke entstanden war. Simone war natürlich wie alle anderen gespannt, in welche Abteilung sie auf diesem großen Schiff beordert werden würde.

Die Schiffsmannschaft, in die Simone aufgenommen wurde, bestand aus 320 Mitgliedern, die etwa 35 Nationen repräsentierten. Die meisten von ihnen hatten sich für zwei Jahre verpflichtet. Für die technische Leitung und die Sicherheit des Schiffes war Kapitän Graeme Bird aus Neuseeland zuständig. Für die verschiedenen Teamleiter und ihre Teams der einzelnen Abteilungen hatte Schiffsdirektor Mike Hey aus Australien das Heft in der Hand. Beide Leiter waren Persönlichkeiten mit starker geistlicher Ausstrahlung.

1996 konnten in Hongkong sowohl an Bord als auch an Land evangelistische Veranstaltungen noch ohne Schwierigkeiten durchgeführt werden. Dies stärkte die christlichen Gemeinden der Stadt, die unsicher waren, ob China sein Versprechen halten würde: »Ein Land, zwei Systeme.« Wenn ja, dann würde die Presse-, Meinungs- und Religionsfreiheit erhalten bleiben. Tausende Besucher kamen an Bord zur Buchausstellung und nutzten Angebote wie den Tag der offenen Tür, das Internationale Café, das Jugendfestival oder die Gebetsnacht, um einige zu nennen.

Ihre kleine, aber gemütliche Kabine mit Bullauge teilte Simone mit Petra aus Schweden und Kam Yong aus Malaysia. In der Industriestadt Taichung auf Taiwan kam noch eine Südkoreanerin in die Kabine. Ho Suk lebte sich schnell ein. Simone musste immer lachen, wenn Ho Suk mehr von der »Swäbisen Aalb« wissen wollte, ein einziger Zungenbrecher für asiatische Zungen.

Da es sich um ein ehemaliges Kreuzfahrtschiff handelte, hatte jede Kabine sogar den Luxus einer kleinen eigenen Dusche samt WC. Auf den Schwester-Schiffen ging es wesentlich rustikaler zu. Trotzdem war eine Kabine für vier Personen – zwei Stockbetten, vier schmalen Spinde, eine kleine Kommode mit vier Schubladen, manchmal eine kleine Schreibtischplatte – ein sehr beengter Raum. Um ihn gemütlich zu machen, war Kreativität gefragt. Die Bordleitung achtete darauf, dass möglichst die gleichen Altersgruppen, aber verschiedene Nationalitäten beieinander waren. Da musste ein gemeinsamer Standard für Ordnung in der Kabine gefunden werden, was mal mehr, mal weniger gelang. Glücklicherweise verstanden sich alle vier in Simones Kabine auf Anhieb gut und überwanden miteinander das Heimweh und anderen Kummer. Simone war dankbar, dass es in ihrer Kabine keine größeren Konflikte gab. Wenn so viele junge Menschen beieinander sind, die aus allen Himmelsrichtungen kommen und eine praktische und geistliche Einheit werden sollen, gibt es genug Zündstoff für Auseinandersetzungen. Da war es gut, dass das Schiff ruhige Ecken und Räume hatte, wo man auch für sich sein und etwas Privatsphäre genießen konnte. Die Bibliothek bot sich dafür an oder irgendein stilles Plätzchen an Deck oder im Konferenzraum, wenn keine Veranstaltungen waren.

Als die neu angekommenen *Pre-Shipper* ihre Arbeitsbereiche zugewiesen bekamen, wurde Simone in das Speisesaal-Team eingebunden. Der Speisesaal befand sich im Bug der Doulos, direkt unter dem Auto-Deck. Nach Hause schrieb Simone: *Wir sind ein Team, das für Ordnung und Sauberkeit dort verantwortlich ist, ebenso für das Spülen des Geschirrs und die Vorbereitung des Frühstücks und der Kaffeepause am Nachmittag.* Das klingt ganz locker. In Wahrheit waren es Berge von Geschirr, die eine so große Mannschaft mehrmals täglich benutzte. Jeden Tag wurden etwa tausend Mahlzeiten ausgegeben. Das bedeutete viele Stunden am Tag Geschirr spülen, Tischdecken wechseln, den Boden fegen oder wischen, die Büfetts in Ordnung bringen. An den Vormittagsstunden, in denen kein Betrieb im Speisesaal war, half das Team in der Küche, putzte Gemüse, schälte Kartoffeln, briet Fleisch an, kochte Suppen. Dann wurde das Essen ausgeschöpft und auf einem Büfett angerichtet, wo sich die Mannschaft bediente.

Die Arbeit im Speisesaal empfand Simone als angenehm und unkompliziert. Ihr blieb in dieser Anfangszeit genügend Kraft und Energie, das Schiff und das Leben darauf zu erkunden und sich einzugewöhnen. Wie angekündigt, hatte sie an fünf Tagen in der Woche jeweils acht Stunden Dienst. Wöchentlich war ein freier Tag die Regel. Alle Schiffsleute waren zusätzlich so weit wie möglich in das Programm an Bord eingebunden. Außerdem gehörte zum Bordleben ein intensives Bibelstudium, das aus Vorlesungen, Studiengruppen und Eigenstudium bestand. Es gab verschiedene Gebetsgruppen, wo man füreinander, für die Aufgaben an Bord oder an Land betete oder auch für verschiedene Volks- und Religionsgemeinschaften. Simone war in einer Gebetsgruppe für die islamische Welt, wobei besonders Afghanistan in den Blick genommen wurde. Ihr normaler Tageslauf sah etwa so aus:

Ab 6:30 Uhr:	Zeit für die persönliche Stille, Bibellesen und Gebet (vorher freiwilliger Frühsport)
7:30 Uhr:	Frühstück
8:00 Uhr:	Gemeinsame Andacht – Bibelunterricht
9:00 Uhr – 17:30 Uhr:	Reguläre Arbeitszeit
18:00 Uhr:	Abendbrot
19:30 Uhr:	Unterschiedliches Programm
23:00 Uhr:	*Curfew*: Zapfenstreich/Ruhe. Wer keinen Dienst hatte, musste in seiner Kabine sein.

Ein Abend, in der Regel der Donnerstag, war für einen gemeinsamen Gebetsabend vorgesehen, der schon mal bis Mitternacht dauern konnte. Ein anderer Abend war für das Bibelstudium in kleinen Gruppen reserviert, dazu gab es einmal pro Woche Gebetsgruppen für verschiedene Länder. Lag die Doulos im Hafen, fanden an einem Tag in der Woche evangelistische Teameinsätze statt, meist in Zusammenarbeit mit örtlichen Gemeinden an Land – an diesem Tag war man von der normalen Arbeit an Bord freigestellt.

5. LEINEN LOS!

Die sich mit Schiffen aufs Meer hinausbegaben, auf großen Wassern
Handel trieben, das sind die, die die Taten des Herrn sahen und
seine Wunder in der Tiefe. Er redete und bestellte einen Sturmwind,
und der trieb seine Wellen hoch. ... Dann aber schrien sie zum Herrn
in ihrer Not: und er führte sie heraus aus ihren Bedrängnissen.
Er verwandelte den Sturm in Stille, und es legten sich die Wellen.
Sie freuten sich, dass es still geworden war, und er führte sie in
den ersehnten Hafen. Sie sollen den Herrn preisen für seine Gnade,
für seine Wunder an den Menschenkindern.
Psalm 107, 23-25; 28-31 (ELB)

»Leinen los! Leinen einholen! Anker lichten! Bugstrahlruder
steuerbord!« Musik erklingt, Lieder werden gesungen – es jagt
einem meistens einen Schauder über den Rücken, wenn ein Schiff
an- oder ablegt, wenn es sich aufs ungestüme Meer begibt oder
wieder unbeschadet in den Hafen kommt – Seeleute wissen, dass
dies nicht selbstverständlich ist. Simone sollte dieses Manöver in
den kommenden zwei Jahren noch oft erleben.

Die Doulos legte von Hongkong ab und dampfte mit ihrer kost-
baren Fracht weiter nach Taiwan, wo sie in Taichung und Kaohsi-

ung festmachte. In Taiwan war das Bücherschiff hochwillkommen. Es gab sogar einen Besucherrekord: 24000 Besucher wurden an einem Tag gezählt. Das kleine Voraus-Team, das immer schon etwa zwei bis drei Monate vorher in dem jeweiligen Hafen war, hatte alles gut vorbereitet. Die Gemeinden waren ausführlich informiert worden, ebenso Presse, Rundfunk und Fernsehen. Manchmal gelang es sogar, einen hohen Staatsgast zu gewinnen, der die Buchausstellung eröffnete. Solche Dinge waren immer Höhepunkte im Alltag, die das Schiff in der Bevölkerung bekannt machten.

Bald kam für die Doulos die Zeit fürs Trockendock in Kaohsiung, dem größten Hafen Taiwans. Sie wurde in ein riesiges Becken gebracht, dessen Wasser abgepumpt worden war. Dort konnte das ganze Unterschiff gereinigt, repariert und gestrichen werden. Jedes Jahr wurden an Bord etwa 3700 Liter Farbe benötigt. Viele Reinigungs- und Reparaturarbeiten mussten auch an Bord durchgeführt werden. Neue Sicherheitsvorschriften wurden eingeführt und ein neues Sprinklersystem zur Brandbekämpfung installiert. Wenn ein Feuer in einer Kabine oder im Maschinenraum ausbricht, kann das ganze Schiff innerhalb kürzester Zeit in Flammen stehen. Auf der Doulos mussten deshalb auch neue Feuertüren eingesetzt werden, ein komplizierter und langwieriger Prozess, der nicht erst im Trockendock begann. Viel Material war dazu nötig und musste mühsam herbeigeschafft werden, um schadhafte Stellen zu reparieren oder Teile auszutauschen.

Deshalb musste der Versammlungsraum geschlossen werden, alle Veranstaltungen fanden im Speisesaal statt, Korridore waren blockiert, und der Weg durch das Schiff glich einem Hindernislauf. Die Männer arbeiteten oft bis zu dreizehn Stunden am Tag, um alles zu bewältigen, denn der nächste Hafen musste pünktlich angelaufen werden.

Als in Bodennähe der Flure neue Lampen installiert werden mussten, um den Fluchtweg zu markieren, gab es jedes Mal, wenn die Beleuchtung eingeschaltet wurde, einen Kurzschluss. Die Elektriker suchten verzweifelt nach dem Fehler, montierten alles ab, installierten wieder alles neu, schalteten ein – erneuter Kurzschluss. So ging das einige Male. Als schon alle aufgegeben hatten, ging der Chefingenieur noch einmal die Strecke ab. Schließlich entdeckte er eine kleine fehlerhafte Koppelung mit der Notbeleuchtung und damit die Ursache für den Kurzschluss, der dann schnell behoben war. Entlastet trafen sich die Männer erst einmal zum Dankgebet.

Die Frauen waren während dieser Zeit in verschiedenen Teams an Land eingesetzt. Simone war mit einer internationalen Gruppe unterwegs, sieben Personen, sieben Nationalitäten: Philippinen, Malaysia, Südkorea, USA, Finnland, Niederlande und Deutschland. Dieses Team ging zurück nach Taichung und arbeitete dort drei Wochen in einem Rehabilitationszentrum für Alkohol- und Drogenabhängige. Hier sammelte Simone ganz neue Erfahrungen. Die vierzig Männer und Frauen, die teilweise noch sehr jung waren, litten unter schwerster Abhängigkeit von Drogen und Alkohol. Verzweifelte Familien brachten ihre süchtigen Angehörigen zur *Hoffnungs-Familie,* denn sie hatten selbst keine Hoffnung mehr. Ein Pastor hatte das Zentrum mit einem Kollegen aufgebaut. Er lebte mit seiner Familie dort, und es gelang ihnen, das ganze Haus in einem Geist des Friedens und der Harmonie zu führen. Zum Zentrum gehörte eine Fabrik, in der die Kranken arbeiten konnten. Sie halfen sich auch gegenseitig, wieder auf die Beine zu kommen. Aber das Fundament der Arbeit war das Wort Gottes, aus dem die Bewohner – zum ersten Mal überhaupt – von Gottes Liebe erfuhren. Manche wurden Christen, ihr Leben gewann eine neue Perspektive. Allerdings wurden leider einige später wieder rückfällig.

Das Doulos-Team lebte mit den Bewohnern zusammen und baute trotz aller Sprachbarrieren Beziehungen auf. Außerdem hatte es die Aufgabe, viermal wöchentlich ein etwa eineinhalbstündiges Programm zu gestalten. Dafür stand ein Dolmetscher zur Verfügung. In der ersten Woche vermittelte die Gruppe die Grundlagen des Evangeliums. Danach zeigte sie, wie sich der Einfluss des Evangeliums auf den Alltag auswirkt, welche Rolle zum Beispiel das Gebet spielt. Sie versuchten, das für die Bewohner fremde Gebiet von Vergebung und Versöhnung mit praktischen Beispielen zu entfalten. Simone entdeckte ihre schauspielerischen Fähigkeiten und spielte die Pantomimen mit Begeisterung. Aus ihren Berichten wird deutlich, wie sehr sie die Arbeit in dem Zentrum angesprochen und beeindruckt hat.

Weihnachten feierte Simone auf den Philippinen. Sie war sehr gespannt, wie das Fest auf dem Schiff bei etwa 30 Grad Celsius gestaltet wird. Leider erzählte sie nichts davon. Ein ganz anderes Thema beschäftigte sie:

An Bord gab es einige Familien mit Kindern. Schon seit Januar war Simone die Verantwortung für das Poopdeck übertragen worden, so nennen die Schiffsleute einen erhöhten offenen Deckaufbau über dem Hauptdeck im Heck des Schiffes. Dort war der Bord-Kindergarten eingerichtet worden. Er war ringsum mit einem Netz gut abgesichert, damit kein Kind über Bord gehen konnte. Davor gab es einen Unterrichtsraum für die schulpflichtigen Kinder. Die Kinder waren zwischen fünf und sechzehn Jahre alt und wurden vormittags betreut. Den Fünfjährigen brachte Simone das Alphabet und die Zahlen bei (ein Vorschulprogramm, das sich am englischen Schulsystem orientierte). Obwohl sie darin erst noch Erfahrung sammeln musste, bedankte sich später ein begeisterter Junge: »World's best teacher… thank you for teaching me, love from Simon.« Hier zeichnete sich schon eine besondere Begabung von Simone ab: Sie konnte komplizierte Dinge einfach erklären. Trotzdem bedeutete diese Arbeit eine Herausforderung für sie, denn die Kinder kamen aus allen fünf Kontinenten der Erde. Manche Kinder waren erst seit kurzer Zeit an Bord, andere hatten ihr ganzes bisheriges Leben auf dem Schiff verbracht. Mit ihrer schwedischen Kollegin zusammen machte sich Simone viele pädagogische und methodische Gedanken, um die Kinder täglich zum Lernen zu motivieren.

Neben der Verantwortung für das Poopdeck hatte Simone an drei Nachmittagen in der Woche im großen Buchladen auf dem Oberdeck Dienst. Es mussten immer wieder Titel aus dem Bücherlager ergänzt oder erneut angefordert werden. So gewann sie ein tieferes Verständnis für die Arbeit im Hintergrund, die für die schwimmende Buchhandlung geleistet wurde. Im Februar 1997 kamen 55 neue Mitarbeiter an Bord. An das ständige Kommen und Gehen der Mitarbeiter und Mitarbeiterinnen mussten sich alle gewöhnen. Neue Gesichter, neue Charaktere, neue Gewohnheiten. Zugleich war es eine logistische Meisterleistung von etwa zwanzig Verantwortlichen von *OM Ships International* in Mosbach, dass immer zur rechten Zeit am richtigen Hafen die richtige Person zur Stelle war, die eine entstandene Lücke schloss und sich in die Crew einreihte.

In einem Brief aus Malaysia äußert sich Simone freimütig und offen wie selten über das Gemeinschaftsleben auf dem Schiff:

Manchmal habe ich eine gute Beziehung zu einer Freundin entwickelt, gerade bevor sie die Doulos wieder verlässt; das liegt eben in der Natur des Schiffslebens. Auch sonst ist es ein einzigartiger Platz zum Leben, fern von allem, was normalerweise das Leben ausmacht. Wertvorstellungen werden völlig verschoben, das Materielle verliert mehr und mehr an Bedeutung. An Bord werden zum Beispiel jedes Jahr etwa 200 bis 250 Paar Schuhe geflickt. Wer braucht schon neue Schuhe! Die geflickten halten noch lange. Aber vor allem ist es das intensive Zusammenleben mit so vielen Menschen auf engem Raum, wodurch ein hohes Konfliktpotenzial entsteht. Und es ermöglicht, sich und andere wirklich auf eine tiefere Weise kennenzulernen und sie so zu akzeptieren, wie sie sind. Im Grunde ist die Doulos-Gemeinschaft eine behütete Insel, abgeschirmt von den Problemen des normalen Lebens. Es ist schon etwas Besonderes, mit so vielen Christen zusammenzuleben, Gespräche über Gott und unseren Glauben ergeben sich immer wieder wie selbstverständlich; das ist für mich eine große Bereicherung.

Auf der Doulos gab es auf den verschiedenen Decks kleine Teeküchen mit Wasserkocher, zwei Herdplatten, einem Kühlschrank. Jeden Abend um 23 Uhr wurden die Teeküchen überprüft – sind alle Elektrogeräte ausgeschaltet? – und abgeschlossen. Nun hatte an einem Abend ein Deutscher Dienst an Deck und machte seine Teeküchen-Runde. Als ehemaliger Marinesoldat hatte er klare Vorstellungen von Ordnung und deren Durchsetzung. In einer Tee-küche traf er einen Australier an, der noch seine Wassermelone aufschneiden wollte. »Mann, schwirr ab in deine Kabine!«, sagte der Deutsche. Der Australier, ein Mann wie ein Kleiderschrank, schnitt ungerührt seine Melone weiter auf. Als ihn der Deutsche am Arm aus der Teeküche ziehen wollte, flog die erste Faust, und schon war eine handfeste Schlägerei im Gange. Direkt vor dem Kabinen-Flur der Frauen. Nach und nach gingen die Kabinentüren auf, und die verdutzten Damen staunten nicht schlecht über das Schauspiel, das sich ihnen bot.

Am nächsten Morgen gab es ein Gespräch im Personalbüro. Bei-de Männer waren über den Vorfall zerknirscht. Der Australier war über sich bestürzt, weil er sich hatte provozieren lassen und seine alten Reflexe wieder ungehindert ans Licht gekommen waren. Der Deutsche ärgerte sich über die Kleinkariertheit, die bei ihm immer wieder zum Vorschein kam. Was hätte es der Melone geschadet, wenn sie weiter aufgeschnitten worden wäre? Die zwei Minuten, die der Australier noch gebraucht hätte, um sein Werk zu Ende zu bringen, hätten das Schiff nicht sinken lassen. Wie konnte er nur so stur sein? Und das auf einem Missionsschiff, wo man doch im Dienst Jesu stand und sich von seinem Geist verändern lassen woll-te. Die zwei Streithähne versöhnten sich im Personalbüro wieder und die Sache war erledigt. Nur ihre Veilchen blühten noch eine Weile in verschiedenen Farben. Bei den Frauen entstanden andere Konflikte, und sie wurden auch anders ausgetragen.

Es ist schon ein einmaliges Wagnis, das im Vertrauen auf Gott riskiert wird, so vielen jungen Leuten die Chance zu geben, gemein-sam Vergebung und Veränderung zu erleben und davon weiter-zusagen. Etliche machen das Beste aus den Möglichkeiten, die sich ihnen bieten, reifen zu starken Persönlichkeiten und gewinnen neue Horizonte für ihr ganzes Leben. Bemerkenswert ist aber auch, dass manche Mitarbeiter nach zwei Jahren von Bord gehen, um einen Beruf zu erlernen, der auf dem Schiff gebraucht wird. Nach Abschluss der Ausbildung kommen sie wieder als Ingenieure, Maschinenschlosser, Bordärzte, Krankenschwestern, Köchinnen oder Köche, Heizer, Sekretärinnen, Seeleute und bleiben längerfristig an Bord. Dass sich jeder siebte, der mit dem Missionsschiff fährt, von Gott rufen lässt, ihm in irgendeiner Weise hauptamtlich zur Verfügung zu stehen, das ist das ständige Gebet der Schiffsleitung.

Jeweils drei Häfen in Malaysia und auf den Philippinen wurden zwischen Februar und Mai besucht. Da Malaysia ein moslemisches Land ist, waren dort jegliche Einsätze verboten. Nicht einmal die Buchausstellung durfte von Moslems besucht werden. Auf öffentlichen Einladungen musste extra erwähnt werden, dass es sich um ein christliches Projekt handelt. Viele Menschen waren neugierig und kamen trotzdem an Bord. Die Hauptaufgabe der Besatzung bestand in solchen Fällen darin, die örtlichen christlichen Gemeinden zu besuchen, zu ermutigen, sie neu auszurüsten, auch mit Literatur. Simone, die in der Gebetsgruppe für die islamische Welt war, beobachtete diese Verhältnisse sehr genau.

Auf den Philippinen, ein vom Katholizismus geprägtes Land, konnten die Teams hingegen völlig frei bei Straßeneinsätzen und Schiffsveranstaltungen evangelisieren. In der Subic Bay, einer stillen Bucht, ging die Doulos vor Anker. Die Bucht war ein viel besuchtes Naherholungsgebiet und damit für die Doulos-Gemeinschaft eine gute Möglichkeit für ihre Sabbatwoche. Es war eine kurze, aber wunderbare Zeit, um vor der Arbeit auf den Philippinen zur

Ruhe zu kommen. In der Woche fand kein Dienst statt, und alle Arbeiten wurden auf das absolut Nötige heruntergefahren. Die Doulos-Mitarbeiter hatten Zeit für Gespräche, zum Wandern in der paradiesischen Umgebung, zum Lesen und zum Briefeschreiben.

In der Subic Bay hatte Simone nach einem Konzert eine persönliche Begegnung mit einer Christin. Wie immer hatte es auch bei diesem Konzert eine geistliche Ansprache gegeben, die das Mädchen sehr berührt hatte. Sie suchte anschließend das Gespräch, weil sie die Bitterkeit und den Schmerz über ihre Eltern, die sie nicht gewollt und zu Verwandten gegeben hatten, nicht überwinden konnte. Obwohl sie bewusst Christ geworden war, fühlte sie sich nach wie vor minderwertig und nicht liebenswert. Sie kam noch zweimal auf die Doulos, um mit Simone zu reden. Simone ermutigte das Mädchen, ihren Eltern zu vergeben. Nur dadurch könnte sie die Freiheit und Freude finden, nach der sie sich sehnte. Wie die Geschichte ausgegangen ist, hat Simone nie erfahren.

Anschaulich erzählt Simone von einem Internationalen Abend auf den Philippinen, der sich dann in anderen Häfen wiederholte, je nach den Gegebenheiten des Landes unterschiedlich:

Wir sitzen im Umkleideraum hinter der Bühne eines Stadions in Manila und warten auf unseren Auftritt. Vormittags hatte eine Mannschaft schon die Licht- und Klanganlage installiert und die Bühne mit Flaggen dekoriert. Am frühen Nachmittag waren die meisten der Beteiligten hier angekommen, denn alles musste nochmals durchgeprobt werden. Nun ist es so weit, etwa fünftausend Besucher erwarten unser Programm. Wir beginnen mit einer Parade, in der verschiedene Nationaltrachten vorgestellt werden. Danach folgen kulturelle Tänze, heute ist es der »Deutsche Holzhacker-Tanz«, ein afrikanischer und ein amerikanischer Tanz; der erste und letzte mit meiner Beteiligung. Die Zeit dazwischen reicht kaum zum Umziehen. Ein bekannter philippinischer Sänger gestaltet den nächsten Programmpunkt. Wir treten danach mit einem nonverbalen Theaterstück auf, das durch Tanz und Bewegung, mit Musik unterstützt, das Evangelium vermittelt. Darauf baut die Ansprache eines lokalen Pastors auf, der am Ende die Zuhörer, die sich für Jesus entscheiden wollen, nach vorne ruft. Wir sprechen mit den Leuten und bringen sie später mit einer lokalen Gemeinde in Verbindung. Zum Finale ziehen alle Beteiligten während eines Sololiedes mit Flaggen durch das Publikum zur Bühne. Am späten Abend fahren wir dann müde zum Schiff zurück.

Auch die Besuche der örtlichen Gemeinden gehörten zum Standardprogramm. Simone beschreibt es so:

Sonntäglich werden Doulos-Teams in verschiedene örtliche Gemeinden eingeladen, um deren Gottesdienst mitzugestalten. Das letzte Mal wurde mir in Legazpi die Leitung eines solchen Teams anvertraut. Ich suchte meine Teammitglieder zu einem Vorbereitungstreffen zusammen. Es ist nie einfach, einen Zeitpunkt zu finden, der für alle passend ist. Uns ist es als Ziel gegeben, die Gemeinde zu ermutigen, sich an Mission zu beteiligen. Als Nächstes informiere ich den Prediger, der mit uns kommen wird, über unser Programm. In diesem Fall ist es Kapitän Graeme Bird persönlich. Ich schreibe die Abfolge für alle Teammitglieder auf, übe ein Anspiel ein. Dann nehme ich Kontakt mit dem Pastor der Gemeinde auf und lege mit ihm die Abfolge fest. Am Sonntagmorgen kommt er zum Schiff und wir fahren mit zwei Tricycles (eine Art Motorrad mit überdachtem Beiwagen – hier ein gewöhnliches öffentliches Verkehrsmittel) zur Kirche. Nachdem die Gemeinde ihre Anbetungszeit beendet hat, sind wir an der Reihe. Ich stelle mein Team vor, es folgen das Anspiel, ein persönliches Zeugnis, wie jemand von Gott in die Mission berufen wurde, und ein Lied. Der Kapitän predigt, ich beschließe das Programm. Während der Gemeinschaft beim philippinischen Mittagessen ergeben sich interessante Unterhaltungen. Es ist jedes Mal so bereichernd, mit den örtlichen Christen ins persönliche Gespräch zu kommen, sie zu ermutigen und Erfahrungen auszutauschen.

Es gab auch immer wieder Konferenzen für Geschäftsleute an Bord und Einsätze unter Straßenkindern an Land. Die Schiffsmannschaft unterstützte eine Hilfsaktion für die Opfer eines niedergebrannten Dorfes und vieles mehr.

Simone dankt im Rundbrief Nr. 3 *für den Dienst, der auf den Philippinen und Malaysia getan werden konnte, für die neuen Leute der Schiffsbesatzung, die sich in unsere Gemeinschaft einbringen, für die neue Arbeit auf dem Poopdeck, die mir viel Freude bereitet.* Sie bittet um Fürbitte, unter anderem *für eine gute Beziehung zu den Kindern und um Sensibilität für die Bedürfnisse von Kindern, Eltern und meiner Kollegin auf dem Poopdeck, sowie um Schutz vor Verletzungen der Kinder.*

Von den Philippinen ging die Fahrt weiter nach Papua-Neuguinea. In Madang erlebte Simone wieder etwas ganz Neues. Sie war zehn Tage mit dem a-Team unterwegs, wobei a für *action* steht. Vier Männer und vier Frauen bestiegen ein kleines Flugzeug, das sie nach Wewak, einer Hafenstadt im Norden von Papua-Neuguinea (etwa 38 000 Einwohner) brachte. Sie freuten sich über die schöne Unterkunft, in der sie sich aufhalten konnten. Vor allen Dingen genossen sie es, mehr Raum als auf dem Schiff zur Verfügung zu haben. Es war Regenzeit, was die Menschen, die unter einer drückenden Hitze gelitten hatten, aufatmen ließ. Durch die Auswirkung des Klimaphänomens El Niño war es 1997 zu einer schweren Dürrekatastrophe auf der Insel Neuguinea gekommen, die zu einer drastischen Verschlechterung der Lebensumstände geführt hatte. Außerdem kam es wegen der bevorstehenden Wahlen zu schweren Unruhen unter der Bevölkerung. Doch in der nördlichen Provinz Madang war zunächst alles ruhig. Simone trank Kokosmilch direkt aus der Kokosnuss, die frisch von der Palme geholt worden war. Irgendjemand summte vergnügt vor sich hin: »Wer hat die Kokosnuss ... gekla-a-aut ...?« interessiert beobachtete Simone, wie *Mumu* zubereitet wurde, das traditionelle Gericht aus Schweinefleisch, Kartoffeln und Bananen, das in einer Erdkuhle gegart wird, und kostete davon. Es schmeckte richtig gut. Der Lebensstil in Wewak war einfach und entspannt, die Menschen freundlich und offenherzig. Der weite Sandstrand, gesäumt von Palmen, war ein Traum.

Unser a-Team arbeitete hauptsächlich mit zwei Pastoren zusammen, die auch das Programm ausgearbeitet haben. Papua-Neuguinea ist ein christliches Land. Aber das Bewusstsein, durch Mission über die eigenen Grenzen hinauszugehen, muss noch mehr geweckt werden. Diese Situation bestimmte unseren Dienst. An den Vormittagen hielten wir Seminare zu Themen wie Gebet, kreative Weitergabe des Evangeliums, praktisches Christsein, Mission. Dadurch kamen wir mit den Leuten in eine gute Beziehung. An den Abenden besuchten wir immer eine andere Gemeinde. Ein Anliegen war, die Gemeindeglieder zu einer tieferen Hingabe in ihrem Christenleben zu ermutigen … Dabei erfuhren wir, dass zwischen den Gemeinden große Uneinigkeit herrschte. An der letzten Abendveranstaltung predigte unser Teamleiter über die Bedeutung von Einheit, da Satan Spaltungen und geistlichen Stolz dazu benutzt, die Botschaft von Jesus in Misskredit zu bringen. Manche bekannten unter Tränen, dass es so war. Bald war unsere a-Team-Zeit vorüber und wir mussten Abschied nehmen. Wir beten immer wieder für Wewak, dass Gottes Geist die Gemeinden eint.

Noch in vier weiteren Häfen machte die Doulos fest, auch in Port Moresby, der Hauptstadt von Papua-Neuguinea. Danach wurde Australien angesteuert, wo die Crew nach langer Zeit wieder unter *weißen Menschen und moderner Kultur* lebte. Fast zwei Monate lang lag die Doulos in verschiedenen Häfen des fünften Kontinents, während die verschiedenen Teams mit ihren Einsätzen unterwegs waren. Außerdem wurden die Aufgaben von Simone zum

Teil geändert. Sie wurde nicht mehr in der Buchausstellung eingesetzt. Stattdessen unterrichtete sie in der Doulos-Schule das Fach Deutsch für zwei achtjährige und einen zwölfjährigen Jungen. Ihre Arbeit im Schiffskindergarten und in der Vorschule ging weiter wie gewohnt. Wieder musste sie Neues ausprobieren, zumal es den Kindern zunächst gar nicht einleuchtete, warum sie diese Sprache lernen sollten. Sie kamen doch gut ohne Deutsch zurecht! Jetzt hatte sie die Gelegenheit, zum »World's best teacher« zu werden, und sie wurde es.

Singapur, im Oktober 1997, bedeutete für Simone Halbzeit. Ein Jahr war sie nun schon auf dem Missionsschiff. Eine Zeit, die gespickt voll war mit Erlebnissen, Erfahrungen, Enttäuschungen an sich und anderen. In Hongkong hatte sie zum ersten Mal ihren Fuß auf die Doulos gesetzt. Seitdem war sie in acht verschiedenen Ländern und in dreiundzwanzig Häfen gewesen, hatte unzählige unterschiedliche Menschen aus verschiedenen Kulturen kennengelernt, hatte persönliche Kontakte und Freundschaften mit Menschen geknüpft, die sie normalerweise nie getroffen hätte.

In ihrem persönlichen Rückblick hielt Simone fest, dass sie Gott noch nie so real erlebt hatte wie auf der Doulos. Bei dem Gedanken daran staunte sie immer wieder, wie Gott Türen geöffnet hatte, sodass das Schiff immer zur richtigen Zeit im richtigen Hafen war. Es war keinesfalls selbstverständlich, eine gute Anlegestelle zu bekommen. Die ganze Mannschaft betete oft dafür. Und hinterher konnten sie dankbar feststellen, dass Gott schon alles für sie vorbereitet hatte. In einem Brief an Simones Freunde heißt es:

Auch in meinem persönlichen Leben habe ich gelernt, Gott mehr zu vertrauen, ihn viel bewusster in die kleinen Details meines Lebens einzubeziehen und nach seinem Willen zu fragen.

Ein weiteres Jahr auf der Doulos wartet auf mich, und ich bin gespannt, was alles auf mich zukommen wird. Wir fahren zurück nach Malaysia, wo die Doulos Ende des Jahres für sechs Wochen im Trockendock sein wird, während wir Frauen wieder in Teams mit verschiedenen Gemeinden zusammenarbeiten werden. Im nächsten Jahr stehen Indien, Sri Lanka und der Mittlere Osten auf dem Fahrplan. Meine verbleibende Zeit auf der Doulos möchte ich dazu benutzen, meine Beziehung zu Jesus weiter zu vertiefen, Gottes Wort zu studieren und auch so oft wie möglich hinauszugehen und Gottes Liebe weiterzugeben.

Natürlich ist es auch an der Zeit, an meine Zukunft nach der Doulos zu denken: Gott hat den Wunsch in mir verstärkt, langfristig in die Mission zu gehen, aber vorher möchte ich noch eine Bibelschule besuchen. Ich weiß, wenn dies wirklich Gottes Plan für mein Leben ist, dann wird er mir die Türen dazu öffnen.

In Singapur nahm die Doulos 84 neue Leute an Bord, das bedeutet, ebenso viele verließen das Schiff.

Die nächste Station war wieder Malaysia. Während die Doulos im Trockendock erneut aufs Genaueste überprüft wurde, gingen die Frauen in achtzehn verschiedenen Teams an Land. Der Besuch in einem kleinen Dorf im Dschungel beeindruckte Simone besonders. Die Menschen dort hausten in einfachen Hütten, fast abgeschnitten von der restlichen malaysischen Bevölkerung. Seit der Häuptling dieser Bevölkerungsgruppe Christ geworden war, wollte er, dass seine ganze Dorf-Gemeinschaft in der christlichen Lehre unterwiesen werden sollte. Deshalb war ein Doulos-Team dort im Einsatz.

Simone bekam danach den Auftrag, einen zweitägigen Ferienklub für acht- bis dreizehnjährige Kinder zu planen und durchzuführen. Die Aufgabe war nicht leicht, denn die Kinder kamen alle aus einem ärmlichen, buddhistisch geprägten Stadtteil. Dazu sprachen sie kaum Englisch, sodass alles übersetzt werden musste. Für die Kinder war das höchst langweilig. Außerdem war das ganze Team niedergedrückt und müde. Simone erkannte, dass dies einerseits der starken körperlichen Beanspruchung geschuldet war, andererseits ging es aber auch um eine unsichtbare geistliche Auseinandersetzung. Beides brachte die Gruppe nun verstärkt in ihre Gebetsgemeinschaft ein. Und – ihre Gebete wurden erhört. Das Team ging wieder erfrischt und zuversichtlicher ans Werk. Die 24 Kinder hatten mit der Zeit viel Spaß bei den lustigen Spielen und sangen begeistert die einfachen christlichen Lieder. Die Bastelangebote waren der Renner. In einem Treffen erzählte Simone den Kindern mit einfachen Strichzeichnungen die Weihnachtsgeschichte. Durch den Einsatz waren Samenkörner des Evangeliums in Kinderherzen ausgestreut worden. Nun waren wieder die Sonntagsschullehrer gefragt, die sich weiterhin um die Kinder kümmerten.

Die Doulos musste länger im Trockendock bearbeitet werden als geplant. Inzwischen bemühte sich schon seit September 1996 ein kleines Team um die nationale Genehmigung Indiens, ins Land kommen zu dürfen. Diese Genehmigung kam und kam nicht. Die politische Lage war instabil, der Dschungel der Bürokratie undurchdringlich. Als die Genehmigung endlich eintraf, lohnte es sich nicht mehr, den geplanten ersten Hafen anzusteuern. So eröffnete man die Buchausstellung im nahegelegenen Singapur, um dann weiter nach Cochin (Kochi) zu fahren, im Südwesten Indiens.

Dort ankerte die Doulos friedlich im Hafen. Plötzlich erschütterte ein heftiger Stoß das Schiff, das sofort in Schieflage geriet. Die Durchsage des Kapitäns kam umgehend: »Wir sind von einem Schiff gerammt worden. Alle sofort zu den Sammelstellen!« Mit langer Kleidung, festen Schuhen, Mütze und Rettungsweste bekleidet befolgten alle die Anordnung des Kapitäns. Ein Team machte die Rettungsboote bereit und wollte sie gerade zu Wasser lassen, da kam die Meldung vom Kapitän: »Es dringt kein Wasser ein. Durch den Rempler wurde nur unsere Nase verbogen.« Groß war die Dankbarkeit gegenüber Gott, dass der Ernstfall nicht ganz ernst war. Die Fahrt nach Indien ging weiter.

Simone schildert anschaulich ihre Eindrücke auf dem Subkontinent im Rundbrief Nr. 8:

Indien – ein Land voller Vielfalt. Das zeigt sich schon im Straßenbild: Uns begegnen Fußgänger, Autos, Kühe, Fahrräder, Motorrad-Rikschas in bunter Mischung. Genauso variantenreich sind die Gebäude, die den Wegrand säumen. Meistens sind es einfache Häuser und kleine Läden, oft mit Lebensmitteln oder indischer Kleidung, wir sehen aber auch vielstöckige, moderne Bauwerke. Dann gibt es die Slumgebiete, dort ist es sehr eng und stickig, die Behausung ist auf einfachstem Niveau. Von einem Pastor geführt, der dort regelmäßig seine Dienste versieht, halten wir mit einem Team Kinderprogramme ab. Die Kinder, angezogen von unserer weißen Haut, hören aufmerksam zu. Der Höhepunkt ist für sie, hinterher unsere Hände zu schütteln – bleiben sie wirklich weiß? Für die Familien, die in diesen Verhältnissen leben, verteilen wir Lebensmittel. Die Gemeinde hingegen, die unser Team eingeladen hatte, den Sonntagsgottesdienst zu gestalten, kommt in einem eher wohlhabenden Privathaus zusammen. Nach indischer Sitte wurde auf dem Boden sitzend mit Hingabe Gottesdienst gefeiert und gebetet. Danach konnten wir die indische Gastfreundschaft bei einem guten Currygericht genießen – etwas scharf, jedoch nach meinem Geschmack.

Auf meinen Wunsch hin bin ich nun nicht mehr im Doulos-Kindergarten beschäftigt, sondern ich helfe in der Küche mit, täglich drei- bis vierhundert Münder zu füllen. Ich wollte die Möglichkeit haben, einen neuen Arbeitsbereich kennenzulernen. Nun sind meine Tage damit ausgefüllt, riesige Mengen an Gemüse, Obst, Fleisch (und manchmal auch meine Finger) zu schneiden, sowie Berge von Kochgeschirr abzuspülen. Wir arbeiten in einem gut motivierten Team zusammen, und so macht die Arbeit Spaß. Zusätzlich unterrichte ich noch immer Deutsch als Fremdsprache für drei der Schulkinder an Bord, was eine interessante Ergänzung in meinen Arbeitsalltag bringt.

»Ist es ein Bücherladen? Nein, es ist ein Bücherschiff!« So lautete der Aufdruck auf einem Flyer, der in englischer und arabischer

Sprache gedruckt und verteilt wurde, denn der weitere Schiffs-
fahrplan führte nach Muscat (Oman), Doha (Qatar), Dubai (Ver-
einigte Arabische Emirate – VAE), Nanama (Bahrein), Schuwaikh
(Kuweit), Abu Dhabi (VAE), Aden (Jemen), Djibouti (Djibouti).
Das klingt ganz exotisch nach Wüste, riecht nach Kamelen und
feurigen Araberpferden. Aber so ist es fast nur noch für Touristen.

Der Reichtum der meisten dieser Länder, der durch Unsummen
von Petro-Dollars entstanden war, zeigte sich durch glitzernde Fas-
saden, moderne Einkaufszentren, beeindruckende Wolkenkratzer,
besonders in Dubai. Die Moscheen waren aufwendig erbaut und
reich verziert, sie prägten das Straßenbild. Damit war die Domi-
nanz des Islam unübersehbar. Und folglich war die Arbeitsweise
für die Doulos-Teams viel schwieriger als in anderen Teilen der
Welt, die sie bisher bereist hatten. Aber es war wichtig, auch dies
zu erleben. Es hätte sonst ein völlig falscher Eindruck über die Verbreitung des Evangeliums entstehen können. Nicht überall gab es
dafür offene Türen und offene Herzen.

Der Mannschaft wurde immer wieder eingeschärft, dass es in
diesen Ländern grundsätzlich nicht erlaubt war, Moslems die christliche Botschaft weiterzusagen. Wer sich nicht daran hielte, würde
den Einsatz des Schiffes gefährden. Moslems war es schließlich
verboten, Christ zu werden. Umso dankbarer war die Schiffsmannschaft, dass das Bücherschiff in den Häfen der Golfstaaten anlegen
durfte. Sehr sensibel und mit großer Freundlichkeit begegneten
sie den Menschen, die das Schiff besuchten. Die Gastfreundschaft
auf dem Schiff kam der arabischen Mentalität sehr entgegen und
wurde gern angenommen. Dabei nutzte Simone jede Gelegenheit,
um mit den Frauen, die zu Besuch kamen, ins Gespräch zu kommen.

In den arabischen Ländern gab es sogenannte Ausländerge-
meinden; manche waren nur geduldet und wurden genau beobachtet, andere waren registriert und konnten offen arbeiten. So
war der eine oder andere Teameinsatz dort möglich. Simone lernte
eine Frauenbibelstudiengruppe kennen, deren Ernsthaftigkeit und
Wissbegierde sie sehr beeindruckte.

Im Juni 1998 geriet die Doulos im Indischen Ozean zwischen
Dschibuti und Mauritius in schwere stürmische See. Alle beweg-
lichen Gegenstände wurden aus den Regalen und von den Tischen
genommen. Sie wären sonst wie Geschosse durch die Räume und
um die Ohren der Bewohner geflogen. Sogar die Matratzen in den
Kabinen legte man auf den Boden, damit sie sich nicht in schwere
fliegende Teppiche verwandelten. Viele wurden seekrank. Simone
blieb davon verschont und wurde zum Zimmerservice eingeteilt.
Sie versorgte ihre seekranken Freunde, die am liebsten sterben
wollten. Während haushohe Wellen sich um das Schiff herum auf-
türmten und die Gischt in tausend Flocken herumflog, hatte Simone genügend Zeit, den Einsatz in Dschibuti, Ostafrika, gedanklich
noch einmal Revue passieren zu lassen:

In Dschibuti waren die Tagestemperaturen auf schweißtrei-
bende 45 Grad Celsius gestiegen. Dort lebten die bitterarmen
Verwandten der reichen Golfstaaten. Der Mangel an Kleidung,
Nahrung und medizinischer Versorgung war so himmelschreiend
und verstörend, dass die Doulos-Gemeinschaft sofort praktische
Hilfe leistete, zum Beispiel in einem Krankenhaus. Dort war alles
ziemlich heruntergekommen, viel Schmutz und Unrat lag herum.
Also strichen die Schiffsleute die Wände frisch und erneuerten die
Beleuchtung. Simone war zum Schrubben von Wänden, Böden

und Fensterläden eingeteilt worden. Das tat sie leidenschaftlich. Die »schwäbische Hausfrau« kam da in ihren Genen voll zur Geltung. Doch bei allem Schwung, mit Wasser musste sie sehr sparsam umgehen. Es war zu kostbar. Der alte Schlager hätte hier gut gepasst: »Mit einem Eimer Wasser putzt sie das ganze Haus.«

Außerdem verteilte die Mannschaft Essen an die Patienten und ihre Angehörigen, denn eine Krankenhausküche gab es nicht; traditionell versorgten die Angehörigen ihre Kranken mit Essen, sofern sie es sich leisten konnten. Gebrauchte Kleidung, die sich auf dem Schiff angesammelt hatte, wurde ausgegeben, und die Betten mit frischen Leintüchern bezogen. Gut, dass das ehemalige Kreuzfahrtschiff auch davon noch einiges im Vorrat hatte.

Die zweihundert Patienten des Krankenhauses waren medizinisch schlecht versorgt, denn es fehlte an Medikamenten und an Personal. Viele Mitarbeiter hatten das Krankenhaus verlassen, da sie schon lange kein Gehalt mehr bekommen hatten. Auf der Doulos arbeiteten zwei Schiffsärzte und sechs Krankenschwestern. Sie halfen nun im Krankenhaus, so gut es ging. Außerdem wurde die Krankenhausapotheke aus dem Vorrat der Bordapotheke ein bisschen aufgefüllt. Auch wenn in dem moslemischen Land kein Evangeliums-Wort weitergegeben werden durfte, so hofften die Teams, dass die Kranken durch die praktischen und spontanen Taten etwas von Gottes Liebe spüren konnten.

Nach einer Woche legte die Doulos wieder ab, um im Indischen Ozean diesen unerwartet stürmischen Wellentanz zu erleben. Als das Schiff in etwas ruhigeres Fahrwasser kam, war es möglich, sich wieder an Deck aufzuhalten und die würzige Seeluft tief einzuatmen. Davon schreibt Simone im Rundbrief Nr. 10:

Ich stehe oben auf Deck, der frische Wind bläst mir ins Gesicht, ich schaue über die unruhige See. Gottes wunderbare Schöpfung versetzt mich ins Staunen, so unfassbar weit und groß sind das Meer, der Himmel, die Wolken und die Sonne. Meine Gedanken führen mich noch weiter in die Zukunft: Mein zweijähriger Dienst auf der Doulos geht langsam, aber sicher dem Ende zu, nur noch bis Mitte August werde ich an Bord bleiben, um dann wieder ins heimatliche Deutschland zurückzukehren. Es wird nicht einfach sein, diese besondere Gemeinschaft zu verlassen.

Wieder musste Simone vieles loslassen, was ihr lieb und vertraut geworden war. Der Gedanke daran war schmerzlicher, als sie erwartet hatte.

Wegen des ungemütlichen Wetters war die Geschwindigkeit der Doulos weiter gedrosselt worden. So legte sie zwei Tage später als geplant in Mauritius an, dieser paradiesisch schönen Insel mit ihren endlosen Sandstränden. Für den Aufenthalt dort war schon ein großes Programm vorbereitet, denn auf Mauritius herrscht Religionsfreiheit, die Crew konnte wieder ohne Maulkorb unterwegs sein.

Ende Juni ging die Reise von Mauritius weiter nach Port Elizabeth, Südafrika, wo die ganze Crew noch einmal die Ruhe einer Sabbatwoche genießen konnte. Es war für Simone auch eine gute Gelegenheit, schon mit ihren Kabinen-Kolleginnen und einigen anderen Freundinnen und Freunden ein wenig Abschied zu feiern. Vielleicht trafen sie sich im berühmten *Rose Garden Tea House*, bestellten Eis, Espressi und andere Köstlichkeiten und redeten wehmütig über das bevorstehende Ereignis.

Bevor ihre Zeit auf dem Schiff vollends zu Ende war, bat Simone ihre Freunde, etwas für sie zur Erinnerung aufzuschreiben: *Would you please make a memory page for me, until August 10.* Die Papierbögen von Simone machten bald in den Kabinen die Runde. Im Folgenden einige Auszüge in deutscher Übersetzung.[2]

Für 1998: Ich glaube, dass der Herr dich auf wunderbare Weise gebrauchen wird. Gebrauche die Gaben und Talente, mit denen dich Gott ausgestattet hat für die Ausbreitung seines Reiches. Ich bete darum, dass du weiterhin ein Werkzeug von Gottes Liebe und Hoffnung bist. Egal wo du bist, egal was du tust, gebrauche dein Leben zur Anbetung Gottes. Er liebt dich so sehr. Mein Segen auch für die Menschen an deiner Seite.

Simone, die Zeit fliegt dahin und bald müssen wir Goodbye sagen! Ich bin dankbar, dass du dein Schiffsleben gut beendest, und ich weiß, dass Gott dir viele Dinge vermittelt hat, während du an Bord warst ... Gott segne dich bei deinen neuen Aufgaben. Ich werde dich immer an meinen Geburtstag erinnern. Gott segne dich, wenn du mir dann einen Kuchen machst! Bitte bleib mit mir in Verbindung!

كابل

Liebe Simone, als wir zusammen auf Deck gearbeitet haben, ist uns die Zeit bis zum Abschied noch lang erschienen. Aber jetzt ist die Zeit doch schon gekommen. Ich habe es wirklich genossen, mit dir zu arbeiten. Du warst immer da. Immer pünktlich und immer ausgeglichen und freundlich. Das war sehr wichtig für die Kinder und für mich! Ich erinnere mich an die Zeiten, als du so geduldig kreative Beschäftigungen durchgeführt hast, Geschichten erzählt hast und die Kinder auf dir herumgeklettert sind. Danke, dass du mir »Ich bin ein großer Tanzbär« beigebracht hast – heute immer noch ein großer Hit bei den Kindern!

Ich weiß, dein Herzenswunsch ist es, das Evangelium zu verkündigen, und Gott wird dich dahin führen, wo er möchte. Bitte ihn, dein Licht zu sein auf dem Weg und du wirst dich nicht verirren. Unsere Liebe und Gebete umgeben dich! Gott ist allezeit gütig!

Liebe Simone,

Ich bin sehr froh, dass ich manchmal in die Kombüse (Küche) kommen konnte. So habe ich gesehen, wie fleißig unsere Leute dort arbeiten. Ich bin glücklich, dass die Küche so ein toller Ort ist, obwohl es dort auch mal verrückt zugeht. Ich werde dich vermissen, weil mir die Gespräche mit dir, dein liebes Lächeln, deine Ermutigungen und Worte der Weisheit fehlen werden.

Simone, es war großartig, mit dir in der Doulos-Schule zu unterrichten. Wir sind froh, dich kennengelernt zu haben. Möge Gott dich reich segnen und dich dort einsetzen, wo du ihm dienen kannst! Lass uns in Verbindung bleiben!

Liebe Simone, es war gut, dich getroffen zu haben. Dein Lächeln und deine Hallos haben mir viel bedeutet. Du bist wie eine Blume, die einen Duft von Leben verströmt. Sei stark und guten Mutes, wenn du in eine neue Phase deines Lebens eintrittst. Gott sei mit dir und segne dich.

Von Kapitän Graeme Bird, seiner Frau Anne und den Kindern Nathaniel, Simon und Jesse:

Liebe Simone, wir danken dir sehr für die unglaubliche Bereicherung, die du in das Leben unserer Jungen gebracht hast. Mit Jesse im Kindergarten und in der Vorschule und Nathaniel und Simon im Deutsch-Unterricht. Alles, was du für uns getan hast, waren keine leichten Aufgaben, wie wir vermuten. Wir freuen uns, dass wir an Bord deine Doulos-Eltern waren. Alles Gute für deine Zukunft. „Diene ihm mit ungeteiltem Herzen und mit williger Seele! Denn der Herr erforscht alle Herzen« (1. Chronik 28,9; ELB).

Simone, ich bin wirklich glücklich, dich zu kennen und dich als meine Freundin zu haben. Es ist schade, dass sich unsere Wege bald trennen werden, aber ich bin sicher, dass wir uns eines Tages wiedersehen werden. Gott ist gut und treu, und seine Versprechen werden wahr. Du bist ein wahrer Segen und eine hervorragende Teamleiterin. Ich erinnere mich noch an unsere Gemeinde in Sharjah und den guten Austausch, den wir hatten. Ich bin wirklich dankbar, dass Gott uns diese Gelegenheit gab. In dieser Zeit wurde ich besonders gesegnet.

Ich bete dafür, dass du geborgen und fröhlich im Glauben bist. Und dass du immer verfügbar bist, ihm zu dienen, wo immer er dich hinführt. Viel Gnade für dich und Frieden von Gott unserem Vater und Jesus Christus (s. Philemon 3 bis 6). Bitte besuche mich, wenn du einmal nach Ost-Malaysia kommst. Lass uns in Verbindung bleiben!!

Liebste Simone, du bist ein Mensch mit einer starken Persönlichkeit. Was du machst, machst du perfekt. Ich hatte das Privileg, dich persönlich während unserer gemeinsamen zwei Landteams kennenzulernen (Taiwan und Malaysia). Ich habe deine Freundschaft wirklich genossen. Ich danke dir für all dein Verständnis und deine Unterstützung. Du bist immer willkommen, wenn du wieder einmal die Philippinen besuchst.

كابل

Bald kam die südafrikanische Küstenstadt Durban in Sicht. Simone machte sich daran, ihre Besitztümer zu sortieren, manches zu entsorgen, anderes zu verschenken. Der Koffer für die Abreise war schnell gepackt.

Während der langen Reise mit der Doulos lesen wir nicht eine einzige Klage. Nicht über das Essen, die beengten Verhältnisse auf dem Schiff, die ungewöhnlichen Einsätze, die ständigen Umstellungen auf fremde Menschen und ihre Eigenheiten. Nicht über das wechselnde Klima, die anstrengende Arbeit, auch nicht über das regelmäßige Bibelstudium oder die häufigen Gebetstreffen. Simone schien alle Herausforderungen ganz entschlossen bejaht zu haben. Deshalb konnte sie im Rundbrief Nr. 11 auch schreiben:

> Kein einziges Mal habe ich bereut, dieses zweijährige Abenteuer gewagt zu haben. Auch in schwierigen Situationen war ich mir sicher: Dies ist der Ort, an dem mich Gott während dieser Zeit haben will. Ich bin ihm dankbar für Erfahrungen aller Art. Während meiner beiden Jahre auf der Doulos habe ich viele sehr verschiedene Menschen, Länder und Kulturen gesehen und kennengelernt. Ich habe 37 verschiedene Häfen in 17 Ländern in Asien, Australien und Afrika besucht.

Simone reflektiert in diesem vorerst letzten Brief an ihre Freunde auch über das, was sie durch die intensive internationale Gemeinschaft mit über dreihundert Leuten gelernt hat, und fasst es in verschiedenen Punkten zusammen:

> Wir kommen mit leeren Händen zu den Einheimischen. Überall begegnet uns so viel geistliche Not, die ganz unterschiedliche Gesichter hat. Ich habe gelernt, dass uns Gott die Hände füllt, um dieser Bedürftigkeit zu begegnen. Nur Gott kann ein Menschenleben verändern und erneuern. Es war zum Beispiel ein Privileg, mit einer jungen Frau in Papua-Neuguinea zu beten, die ihr Leben wieder neu

in Jesu Hände legen wollte. Das könnten wir allein nicht bewirken, doch Gott benutzt uns, um sein Werk zu tun.

Ich habe mit drei jungen Frauen aus verschiedenen Ländern, Lebenshintergründen und Gewohnheiten in einer Kabine auf engem Raum zusammengewohnt, in einer Schicht zusammengearbeitet und zusammen Dienst getan. Auch bei Meinungsverschiedenheiten mussten wir uns miteinander auseinandersetzen und gemeinsam einen Weg finden, den wir gehen konnten. Dabei habe ich gelernt, geduldig zu sein mit meinen Mitmenschen und sie anzuhören, anstatt ein schnelles Urteil zu fällen. Ich habe gelernt, Menschen so zu akzeptieren, wie sie sind, weil Gott sie so geschaffen hat, auch wenn ihre Art nicht meinen Vorstellungen entsprach. Und meine Art entsprach nicht ihren Vorstellungen. Aber wir haben mit Gottes Hilfe zueinandergefunden.

Das Wichtigste aber ist und bleibt: Ich habe Gott besser kennengelernt, seine Fürsorge in jedem Teil meines Lebens und Dienstes, seine Liebe und Treue. Von Menschen wurde ich immer wieder enttäuscht. Doch dadurch habe ich gelernt, dass auf Gott allein absolut Verlass ist und er mehr ins Zentrum meines Lebens rücken muss. Ich habe gelernt, es zu genießen, mehr Zeit allein mit Gott zu verbringen und daraus Kraft für den vor mir liegenden Tag zu schöpfen.

Als Simone diese Zeilen schrieb, war sie gerade 25 Jahre alt. Sie war nicht auf einem Schiff mit perfekten, aber mit ernsthaft lernenden Nachfolgern und Nachfolgerinnen von Jesus. Es ist großartig,

jungen Menschen einen Übungs-Raum für solche Herausforderungen und Zumutungen in der Nachfolge Jesu zur Verfügung zu
stellen. Wenn junge Leute sich von Jesus rufen lassen, sich ganz
einzusetzen, koste es, was es wolle, wenn sie ihre eigene Befind-
lichkeit gering achten gegenüber der weltumspannenden Aufgabe,
das Evangelium in die Welt zu tragen, dann meint Jesus Christus
auch sie, wenn er seine Jünger als »Salz der Erde« und als »Licht
der Welt« bezeichnet (Matthäus 5,13-14).

Der Flug von Durban nach Frankfurt/Main dauerte dreizehn
bis vierzehn Stunden. Nachdem Simone ihren Platz eingenommen
hatte, fiel die Anspannung der letzten Tage langsam von ihr ab. Der
Abschied von so vielen, das Packen und Organisieren – alles war
Schlag auf Schlag gegangen. Vom Schiff ins Flugzeug – ein krasser
Wechsel. Simone griff nach der deutschen Tageszeitung, die sie
sich schon beim Einstieg ins Flugzeug mitgenommen hatte. Seit
Langem las sie wieder, was in Deutschland und in der Welt los war:
Die RAF, die terroristische Vereinigung der Rote-Armee-Fraktion,
war tatsächlich aufgelöst worden. Eine Rechtschreibreform war in
Kraft gesetzt, und der 1. FC Kaiserslautern war mit seinen Kickern
Deutscher Meister geworden. Sie lächelte. Das war ja sehr wich-
tig! Dass die Folgen des Bombenanschlags auf die US-Botschaft in
Nairobi so verheerend gewesen waren mit 253 Toten und mehr als
5 000 Verletzten, das hatte sie gar nicht mitgekriegt. Es erschütterte
sie. Doch bald nickte sie ein. Sie war so müde.

Nach zwei Jahren konnte sie ihre Eltern endlich wieder in die
Arme schließen. Ihre Schwestern waren nicht zu Hause. So war
es still im Eckhaus. Ihre Mutter freute sich darauf, einige Zeit mit
Simone allein zu sein. Doch was beide nicht vorausgesehen hatten:
Die Rückkehr aus so ganz anderen Kulturen nach Hause ins stille

Dettingen war gar nicht so einfach. Simone bekam keinen festen Boden unter die Füße, sondern einen schweren Kulturschock. Diese Stille. Diese Sauberkeit. Diese Weite. Immer noch hörte sie das Stampfen der Schiffsmotoren, das Plätschern des Wassers an der Schiffswand, das Rauschen des Windes; immer wieder sah sie wie im Zeitraffer die fremden Menschen vor sich, denen sie begegnet war. Ihr Zimmer kam ihr riesig vor, obwohl es das gar nicht war. Sie verkroch sich regelrecht darin, schlief viel und fühlte sich völlig entwurzelt. Ihre ratlose Mutter bemühte sich nach Kräften, ihr zu helfen.

Nur langsam erholte sie sich so weit, dass sie Ende September nach Wölmersen fahren konnte, wo sie sich für das Neues-Leben-Seminar angemeldet hatte (heute Theologisches Seminar Rheinland). Noch vom Schiff aus hatte sie ihre Freunde darüber informiert: *Dort werde ich vier Jahre lernen, um für einen langzeitigen Dienst in der Mission ausgerüstet zu werden… Betet, dass ich mich gut einlebe und dass ich Gottes Führung in meinem Leben erkenne, Schritt für Schritt.*

كابل

6. THEOLOGISCHES UND LINGUISTI- SCHES STUDIUM

Ja, er liebt die Völker!
Alle Heiligen sind in deiner Hand.
Sie werden sich setzen zu deinen Füßen
und werden lernen von deinen Worten.
5. Mose 33,3

Aus der Studienzeit gibt es so gut wie keine persönlichen Nachrichten von Simone. Elke, eine Zimmerkollegin, die ein Jahr mit ihr im Seminar war, beschrieb sie mir am Telefon als unkompliziert, fröhlich und »als eine ganz Schlaue!«. Über ihrem Bett hatte Simone eine Weltkarte angebracht, auf der auch die Doulos abgebildet war. Dass sie einen Computer mitgebracht hatte, war für die damalige Zeit ungewöhnlich. Die Zimmergenossin war froh, dass Simone sie in die Geheimnisse der digitalen Welt einführte und sie dann den Computer auch benutzen konnte. Sie hatten das Privileg, in einem Zweibettzimmer untergebracht zu sein. Andere teilten sich ein Zimmer zu dritt oder zu viert. Die beiden verstanden sich so gut, dass sie abends miteinander beten konnten. Das prägte die Atmosphäre.

Obwohl seit der gemeinsamen Zeit im Seminar fast zwanzig Jahre vergangen sind, erinnert sich Elke, dass »Simone alles wusste«. Sie hatte ein erstaunliches Gedächtnis. Besonders gut konnte sie sich die Bedeutung von Fremdwörtern merken. Elke musste nicht erst nachschlagen, Simone war ihr wandelndes Lexikon. Aber auch andere Kommilitonen suchten sie oft auf, um sich etwas erklären zu lassen.

Besondere Freude machte es ihr, die alten Sprachen Griechisch und Hebräisch zu lernen; die Grammatik der Sprachen faszinierte sie. Immer mehr zeigte sich Simones besondere Begabung auf diesem Gebiet. Neben den theoretischen Fächern halfen die Studenten auch in Haus und Küche mit. Simone ließ sich im Gegensatz zu Elke mit Vorliebe zum Frühdienst in der Küche einteilen, wo sie um sieben Uhr zur Stelle sein musste. Von ihrer Zeit auf der Doulos war sie an frühes Aufstehen gewohnt, und sie genoss es, sich nach dem Dienst noch mit anderen Dingen beschäftigen zu können. Zum Beispiel ging sie gern mit Elke im Wald hinter der Bibelschule spazieren.

Jeder Kurs hatte einmal im Jahr Einsätze außerhalb der Schule. Elke und Simone waren für Mecklenburg-Vorpommern eingeteilt. Sie hatten Religions-Unterricht in Schulen zu erteilen, Besuche von Gemeinden und die Gestaltung von Gemeinde-Abenden durchzuführen. Auf einem Zeltlager gaben sie in einem Seminar Tipps zur Gestaltung von Kinderstunden weiter.

Natürlich saßen die Studenten immer wieder locker beieinander, trafen sich zu Geburtstagen, feierten gelungene Zwischenprüfungen oder redeten über Pläne für die Zukunft. Simone, deren Begabung für Sprachen immer deutlicher geworden war, hatte sich für eine linguistische Ausbildung entschieden. Ein Seminar im Siegerland bot die entsprechenden Kurse an. Linguistik beschäftigt sich mit dem Aufbau und der Struktur von Sprache. Simone wollte vor allen Dingen lernen, wie man eine Sprache, die unerforscht und noch nicht verschriftlicht ist, analysieren und schreiben kann. Außerdem wünschte sie sich, in dem Land, in das sie kommen würde, auch unterrichten zu dürfen. Deshalb entschloss sie sich, einen Master in Theologie am Martin-Bucer-Seminar in Bonn zu erwerben. Es handelte sich um ein sehr flexibles Fernstudium in Zusammenarbeit mit einer amerikanischen Universität. Der internationale Abschluss entsprach einem deutschen Universitätsabschluss. Die einzelnen Module der Kurse konnte sie im Heimataufenthalt bearbeiten.

Wie geplant, erwarb Simone im Dezember 2006 ihren *Master of Theology* – mit »sehr gut«. Die Studienfächer geben einen kleinen Einblick in das Studium:

Einführungskurs, Neues Testament, Altes Testament, Historische Theologie

Systematische Theologie, Apologetik, Religionen, Praktische Theologie und Mission, Praktika, Allgemeine Fächer, Abschluss: Magisterarbeit.

Als Thema ihrer Hausarbeit wählte Simone *Ein Gedicht über die Größe Gottes, eine Exegese über Jesaja 40,12-31*. Die Arbeit umfasst 112 Seiten. Später kam Simone immer wieder auf diesen Text zurück, wie in der folgenden Andacht:

»Die auf den Herrn hoffen, kriegen neue Kraft. Sie fliegen aufwärts wie ein Adler, getragen von seinen Flügeln. Sie rennen und werden nicht erschöpft. Sie gehen und werden nicht müde« (Jesaja 40,31). Das klingt ja wie ein Traum vom Leben. Das Wort »hoffen« ist im Hebräischen verwandt mit dem Wort für »gespannte Schnur«. Es handelt sich also um ein gespanntes, erwartungsvolles Hoffen. Und es hat die grammatische Form eines Partizips, das bedeutet, ein lang anhaltendes, ausdauerndes Hoffen ist gemeint. Es geht um einen Lebensstil der Hoffnung. Auf was hoffen wir? Hier ist die Hoffnung gemeint, dass Gott uns Lebenskraft für jeden Tag gibt, für die kleinen Dinge des täglichen Lebens. Es geht um die Hoffnung, dass Gott nicht die Kontrolle verliert in all den Dingen des Alltags, die uns beschäftigen. Es geht um die Hoffnung, dass Gott es letztendlich gut mit uns meint, auch wenn wir ihn nicht verstehen; dass Gott es gut mit denen meint, die uns wichtig sind, auch wenn er scheinbar nicht handelt.[3]

Simone hätte eine größere Pause gutgetan. Die gönnte sie sich nicht, obwohl ihr die Müdigkeit aus der Examenszeit noch sehr zu schaffen machte. Das war typisch für sie: Was sie sich in den Kopf gesetzt hatte, zog sie durch, wenn nötig gegen alle Widerstände, selbst gegen die eigene Müdigkeit und Schwäche. Aber sie erfuhr in dieser Zeit auch ganz real: Gott gibt dem Müden Kraft (Jesaja 40,29).

Parallel zum Fernstudium am Martin-Bucer-Seminar begann Simone im Sommer 2002 mit einer Ausbildung in Spracherwerb und Sprachanalyse. Da sie in dieser Zeit daran arbeitete, Menschen zu finden, die ihre zukünftige Arbeit im Gebet und auch finanziell mittragen würden, verschickte sie an ihre Freunde ab September 2002 *Simones Nachrichten*.

Lubumbashi, ein Wort voller Rhythmus und Wohlklang, ist keine exotische Erkrankung der Wirbelsäule wie *Lumbago*, sondern eine Stadt im Kongo, nach der eine swahili-kreolische Sprache benannt ist (*Swahili of Lubumbashi*). Simone schilderte ihrem Unterstützerkreis mit Beispielen aus dieser Sprache, was sie am Seminar machte. Weiter heißt es in dem Brief:

Hier am Seminar besteht ein Großteil des Unterrichtes aus Grammatik. Das klingt nach trockener Theorie und staubigen Schulbüchern. Ist es aber für mich nicht. Grundsätzlich geht es in der Grammatik darum, Strukturen zu erlernen, die alle Sprachen der Welt gemeinsam haben – und davon gibt es mehr, als ich dachte. Dem liegt zugrunde, dass alle Menschen mit derselben Hirnstruktur ausgerüstet sind. ... Gefordert ist dabei besonders das logische Denkvermögen, und das ist mein tägliches Vergnügen. Zudem bin ich sehr dankbar für die deutsche, griechische und hebräische Grammatik, mit welcher ich mich in den vergangenen Jahren auseinandergesetzt habe. ... Allgemein fasziniert mich das Phänomen der Sprache immer mehr. Sie gehört so grundsätzlich zu unserem Menschsein dazu – kaum vorzustellen, was wir ohne Sprache entbehren würden. Sie ist ein reines Wunder, das Gott uns als seinen Ebenbildern geschenkt hat.

Ihre Begeisterung für Sprache verlor Simone nicht mehr. Immer wieder schlug sie dieses Thema in ihren Briefen an, erklärte komplizierte Sachverhalte allgemein verständlich. Je ausgefallener und schwieriger, desto eingehender ging sie der Sprache auf den Grund und tüftelte an ihr herum. Den Begriff »tüfteln« gebrauchte sie in diesem Zusammenhang sehr oft. Es war offensichtlich, dass hier die Gene ihres Vaters, des Ingenieurs und Elektronikers, voll und ganz zur Entfaltung kamen.

Zu den linguistischen Intensiv-Kursen, die Simone im Siegerland absolvierte, gehörte auch das Studium der Phonetik. Im Fach Phonetik werden die Teilnehmer mit allen Lauten bekannt gemacht, die ein Mensch bilden kann, und mit den phonetischen Zeichen, mit denen man sie aufschreibt. Dies ist nötig, um eine unerforschte und unverschriftete Sprache zu erfassen, zu erlernen, ein Alphabet und ihre Grammatik herauszufinden und niederzuschreiben. Die angehenden Sprachforscher staunten immer wieder, welche Laute ein Mensch mit Lippen, Zähnen, Zunge und Stimmbändern hervorbringen kann, und es kostete sie manchmal Überwindung, die Laute in Kleingruppen zu üben. Am besten ging es mit Humor.

Langsam zeichnete sich ab, dass Simones Einsatzland Afghanistan sein würde. Dies stellte wieder eine besondere Herausforderung dar, da die Länder in dieser Region weitgehend vom Islam geprägt sind. Durch ihre Erfahrungen, die Simone mit der Doulos in islamischen Ländern gemacht hatte, eignete sie sich besonders für solch einen sensiblen Einsatz. Das bedeutete auch: keine Verwendung von Klarnamen in ihren Briefen und Berichten, um niemand zu gefährden, der dort arbeitete. Christliche Mission im Einsatzland war im herkömmlichen Sinne nicht möglich. Simone wurde als Entwicklungshelferin im Bereich Spracherforschung in Afghanistan offiziell bei der Regierung angemeldet und sollte dort auf diesem Gebiet mit verschiedenen Teams arbeiten. Zwar war ihr großer Traum gewesen, nach China zu gehen. Doch sie tröstete sich und alle, die sie danach fragten, damit, dass Afghanistan und China nicht weit voneinander entfernt sind. Sie haben sogar eine kurze gemeinsame Grenze. Simone war sich sicher: Für Gott sind Umwege kein Problem.

Alle Angehörigen und Freunde waren sehr beunruhigt, als sie davon hörten. Die Region war politisch ein Pulverfass, ständig gab es neue gefährliche Entwicklungen. Selbstmordattentate und Entführungen waren fast an der Tagesordnung. Simone verfolgte die aktuellen Entwicklungen in Afghanistan intensiv. Es war gefährlich, dorthin zu reisen und dort zu arbeiten. Aber sie wusste sich in Gottes Hand. Diese Hand würde sie führen und behüten oder den Einsatz beenden und sie an einen neuen Ort senden.

Bis die Reise am 22. Oktober 2003 Richtung Kabul losging, teilte Simone wieder einmal ihre Besitztümer in vier Kategorien: Mitnehmen (30 kg), Aufbewahren, Wegwerfen oder Verschenken. Manchmal blieb sie an Briefen hängen, die sie an Menschen und Ereignisse erinnerten, die ihr viel bedeuteten. Wieder musste sie los- und zurücklassen. Beim Packen kam ihr ein Lied von Jochen Klepper in den Sinn. Es drückte vieles von dem aus, was sie empfand:

Nun sich das Herz von allem löste,
was es an Glück und Gut umschließt,
komm, Tröster, Heiliger Geist, und tröste,
der du aus Gottes Herzen fließt.

Nun sich das Herz in alles findet,
was ihm an Schwerem auferlegt,
komm, Heiland, der uns mild verbindet,
die Wunden heilt, uns trägt und pflegt.[4]

Irgendwann war es geschafft: Alles war geordnet, das ersehnte Visum im Reisepass gestempelt. Die Gemeinde in Dettingen hatte die Dreißigjährige wieder mit vielen Segenswünschen in ihr neues Arbeitsgebiet gesandt, viele Freunde waren gekommen, um sich von ihr zu verabschieden.

»Bitte stellen Sie Ihre Rückenlehnen senkrecht! Schnallen Sie sich an! Bleiben Sie angeschnallt, bis das Symbol dafür erlischt. Genießen Sie den Flug!«, sagte der Co-Pilot mit freundlicher Stimme, die sich mit den hohen Frequenzen der sich schneller drehenden Turbinen vermischte. Die Maschine löste sich vom Boden und gewann an Höhe.

Simone Beck war in den nächsten großen Abschnitt ihres Lebens gestartet.

7. AFGHANISTAN – GRANDIOSES LAND, GESCHUNDENES VOLK

Warum, Herr, bist du so weit weg?
Warum verbirgst du dich,
wenn wir dich am nötigsten brauchen?
Gottlose Menschen schrecken vor nichts zurück.
Auf den Schwachen und Hilflosen machen sie Jagd und bringen ihn
mit ihren hinterlistigen Plänen zur Strecke.

In der Nähe der Dörfer liegen sie im Hinterhalt
und lauern ihren hilflosen Opfern auf.
Im Versteck bringen sie die Unschuldigen um.

Wie Löwen im Dickicht liegen sie auf der Lauer,
um wehrlose Menschen

zu überfallen und fortzuschleifen.
Zerbrich die Macht der Gottlosen!
Bestrafe sie für ihre Bosheit,
damit sie nicht weiter Unheil anrichten!

Der Herr ist König für immer und ewig!
Du sorgst für das Recht der Unterdrückten und Waisen,
jeder Gewaltherrschaft auf Erden machst du ein Ende.

Aus Psalm 10 (HFA)

Sehr gerne wäre ich selbst in das Land gereist, dessen grandiose Schönheit immer wieder enthusiastisch beschrieben wurde und wird. Doch dieses Land hält die Welt seit Langem mit Schreckensmeldungen in Atem. Gerne hätte ich Kabul oder Herat, Mazar-e Sharif oder Kunduz oder andere Orte besucht. Aber es wurde mir dringend davon abgeraten. So bleibt mir nichts anderes übrig, als mich in Gedanken neben Simone zu setzen und die Zeit während des Fluges zu nutzen, um Land und Leute von Afghanistan und auch ein wenig seine Geschichte zu studieren. Ich kann mir gut vorstellen, dass sich Simone in eine entsprechende Lektüre während des Flugs vertiefte:

Das Land unter dem Hindukusch, einem gewaltigen Ausläufer des Himalaja, ist strahlenförmig von vielen Ländern umgeben: Von Pakistan im Osten und Süden, unter anderem verbunden durch den legendären Khyber Pass und eine gemeinsame Grenze von 2430 Kilometern; vom Iran im Westen (936 km); im Norden und Nordosten von Tadschikistan (1206 km), Turkmenistan (744 km), Usbekistan (137 km) und China (nur 76 km).

Kein Wunder, dass zu allen Zeiten fremde Völker versuchten, sich dieses Herzstücks zu bemächtigen. Die bäuerlich geprägte Bevölkerung hatte dem zunächst wenig entgegenzusetzen. So überrannten oder überritten die Horden Dschingis Khans (um 1220 n. Chr.) und seiner Nachfolger das Land, zerstörten und plünderten die wichtigsten Städte und massakrierten die Bevölkerung. Das Land erholte sich nur langsam davon.

In der frühen Zeit prägten buddhistische Mönche und Pilger aus Indien das religiöse Leben in Afghanistan. Die riesigen Buddha-Statuen im 2700 Meter hoch gelegenen Bamiyan-Tal, die 2001 von den Taliban gesprengt wurden, waren lange Zeugen eines blühenden buddhistischen Zentrums. Es sollen dort bis zu fünftausend Mönche gelebt haben. Mitte des siebten Jahrhunderts drangen sunnitische Ommayaden ein, drängten den Buddhismus zurück und islamisierten das Land, zum Teil gewaltsam. Im Laufe der Jahrhunderte bildeten sich in den einzelnen Völkergruppen verschiedene Formen des Islam aus.

Auch friedliche Kaufleute wie Marco Polo durchzogen Afghanistan. Sie benutzen dazu die berühmte Seidenstraße. Auf diesem fernöstlichen Handelsweg gelangten sie bis nach Indien und China. In jener Zeit kam es besonders in Herat, nördlich von Kabul, zu einer einzigartigen wirtschaftlichen und kulturellen Blüte. Afghanistan entwickelte sich mehr und mehr zum Knotenpunkt vieler Kulturen und zum Brennpunkt politischer und religiöser Auseinandersetzungen – bis heute.

Obwohl Afghanistan in weiten Teilen ein karges Land ist, dem die Bewohner mit großer Mühe abringen, was sie zum Leben brauchen, ist es auch ein Land von atemberaubender Schönheit.

Wüsten, Steppen, Sümpfe und hohe schneebedeckte Gebirge mit ihren imposanten Faltenwürfen formen das herbe Antlitz dieses zentralasiatischen Landes. Die gewaltige Gebirgskette des Hindukusch, die bis zu 7000 Meter hoch aufragt, schien Reisenden früher unüberwindlich.

Afghanistan ist ein Vielvölkerstaat von etwa vierzig verschiedenen Volksgruppen. Jede mit ihrem eigenen Charakter, ihren traditionellen Sitten und Bräuchen, ihrer eigenen Sprache. Die Volksgruppen werden von mächtigen Clanchefs geführt, die untereinander oft zerstritten sind. Kriegerische Raubzüge und harte Vergeltungsüberfälle untereinander sind nicht selten. Es ist im Laufe der Zeit viel Blut geflossen in den Bergen und Tälern, in den Wüsten und Sümpfen. Könige wurden gewählt – meist aus dem Volk der Paschtunen – und wieder gestürzt. Manche Führer versuchten, Reformen zu starten, gründeten Schulen, auch für Mädchen, suchten im Westen, gern in Deutschland, Hilfen für eine Weiterentwicklung ihres Landes, um die vermeintliche Stagnation und Rückständigkeit im Land zu überwinden. Es gelang ihnen nicht. Der Widerstand der adeligen Eliten und der religiösen Führer war zu groß. Sie wollten ihre Privilegien behalten, die ihnen traditionell zustanden.

Bedrohungen und Druck von außen einten aber die Volksgruppen nach innen. Ein gemeinsamer Feind von außen wurde in der Regel gemeinsam bekämpft. So wie beim ersten Britisch-Afghanischen Krieg (1839–1842). Die Briten wollten die Russen daran hindern, weiter von Norden nach Zentralasien vorzustoßen und damit ihrer indischen Kronkolonie zu nahe zu kommen. Außerdem suchten die Briten einen leichteren und schnelleren Zugang zu ihren indischen Kolonien. Sie beschlossen daher, das ihrer Meinung nach unterentwickelte Afghanistan in einem Blitzkrieg zu erobern. Zunächst schien der Plan aufzugehen. Eine große Armee marschierte von Süden über den Bolan-Pass von Pakistan aus in Afghanistan ein und eroberte Kabul. Doch am Neujahrsmorgen 1841 brach der Aufstand der Afghanen gegen die Briten los. Schon am 6. Januar, 10 Uhr, musste ein Tross von 12 000 Zivilisten, 690 britischen und 2840 indischen Soldaten Kabul verlassen. Freier Abzug wurde ihnen zugesagt. Sie wollten das 140 Kilometer entfernte Dschalalabad erreichen. Bald fielen die Temperaturen deutlich. Dichter Schneefall setzte ein und erschwerte die Sicht. Die lang gezogene Marschkolonne zerfiel in kleinere Gruppen, die sich mehr und mehr aus den Augen verloren. In einem Pass griffen die Afghanen die Briten an, die sich kaum wehren konnten. Viele starben. Am Morgen des 13. Januar 1842 kam es zur entscheidenden Schlacht bei Gadamak, wo die letzten Überlebenden umgebracht oder gefangen genommen wurden. Nur ein einziger Europäer, der junge Militärarzt Dr. Willam Brydon, erreichte erschöpft Dschalalabad. Er überbrachte die Nachricht von der ersten britischen Niederlage in einem Kolonialkrieg.

Theodor Fontane hielt dieses Drama 1859 in einer Ballade fest, deren letzte beiden Strophen lauten:

Sie bliesen die Nacht und über den Tag,
Laut, wie nur die Liebe rufen mag,
Sie bliesen – es kam die zweite Nacht,
Umsonst, dass ihr ruft, umsonst, dass ihr wacht.

Die hören sollen, sie hören nicht mehr,
Vernichtet ist das ganze Heer,

Mit dreizehntausend der Zug begann,
Einer kam heim aus Afghanistan.

Fontane nennt sein Gedicht »Das Trauerspiel von Afghanistan« [5],
eine Anspielung auf *The Great Game*, wie die Auseinandersetzung
zwischen Russland und dem Britischen Weltreich genannt wurde.
Es war aber alles andere als ein Spiel, es war ein grausamer Krieg,
der rücksichtslos auf dem Rücken der Bevölkerung ausgetragen
wurde und vielen Menschen das Leben kostete. Das tief gedemütig-
te Empire ordnete eine Strafexpedition an, die wiederum verheerend war. Insgesamt führte das britische Empire drei große Kriege in dieser Region. Deshalb schloss sich das Land notgedrungen
immer stärker nach außen ab.

Über ein Jahrhundert später übernahm eine kommunistische
Regierung die Staatsgeschäfte in Kabul. Auf der einen Seite kam
es zu einer brutalen Säuberungswelle, bei der Tausende Afghanen starben. Familien wurden auseinandergerissen, viele ergriffen
die Flucht. Auf der anderen Seite stieß der marxistische Präsident
Taraki Reformen an, von denen er hoffte, dass die Bevölkerung
seine Regierung unterstützen würde, trotz seiner gnadenlosen
Gewaltherrschaft. Die Reformen klangen in manchen Ohren viel-
versprechend. Besonders die Lage der Frauen, die zum Teil überaus harte Lebensverhältnisse akzeptieren mussten, schien sich zu
verbessern. Die Rechnung des Präsidenten ging aber nicht auf. In
den traditionellen Volksgruppen trieben die Veränderungen den
Männern die Zornesröte ins Gesicht und die Gewehre in die Hand.
Dieser gottlosen Herrschaft und der Zerstörung ihrer Traditionen
wollten sie nicht tatenlos zusehen. Wieder erhoben sich die Afghanen. Die Sowjetunion wollte die Regierung in Kabul vor den Auf-

ständischen schützen und marschierte 1979 mit einer gewaltigen Armee von 120 000 Mann in Afghanistan ein, der größten Armee seit dem Zweiten Weltkrieg. Doch die Afghanen erinnerten sich an jenen spektakulären Sieg gegen die Briten. Daraus zogen sie die Kraft, den scheinbar aussichtslosen Kampf gegen die Truppen der Sowjetunion aufzunehmen: Furchtlos stürmten sie mit ihren alten Schießprügeln gegen eine hochgerüstete Armee. Mit der Zeit entstand daraus wieder ein Stellvertreterkrieg, der nun mit Panzern, Bomben, Hubschraubern, Raketen und Kalaschnikows geführt wurde, diesmal zwischen der Sowjetunion einerseits und den USA und ihren Verbündeten andererseits. Wieder tobte ein erbarmungsloser Krieg.

Zehn Jahre nach ihrem Einmarsch zog eine geschlagene russische Armee nach Norden ab. Sie hatte 50 000 Tote zu beklagen, dazu viele verwundete, traumatisierte und suchtkranke Soldaten. Zurück ließ sie ausgebrannte Panzer, auf denen Kinder heute noch spielen. Und – besonders abartig – mit Sprengstoff gefülltes Spielzeug für Kinder und im Sand verbuddelte Landminen ohne Zahl, die nicht nur die Körper von Kindern zerfetzten. Die kommunistische Regierung wurde drei Jahre später aus Kabul verjagt, im Stich gelassen von der auseinanderbrechenden Sowjetunion. Dann brachen auch die USA ihre Kommandozentralen ab, packten ihre Koffer und ihre Jeeps, starteten ihre Flugzeuge und überließen das Land, das in Schutt und Asche lag, wieder sich selbst – in der Meinung, das Spiel sei aus. Mindestens zwei Millionen Afghanen hatten ihr Leben verloren, Zehntausende waren während der kommunistischen Herrschaft spurlos verschwunden, viele waren geflüchtet, meist in ein elendes, perspektivloses Lagerleben.

Das Trauerspiel in Afghanistan ging aber mit dem Auftreten der Taliban (1994) in eine neue Runde, unterstützt von Pakistan, Saudi-Arabien, USA und Großbritannien. Mit ihrer Hilfe sollte der verheerende Bürgerkrieg ein Ende finden, der besonders in Kabul zwischen den Milizen von Hekmatyar und Dostum auf der einen und Massoud und Rabbani auf der anderen Seite ohne Rücksicht auf die Zivilbevölkerung tobte. Eine katastrophale Fehleinschätzung, wie sich bald herausstellen sollte. Das geschundene Volk – wobei die Frauen wieder die entsetzlichsten Zumutungen und Demütigungen zu erleiden hatten – wurde von einer weiteren Schreckensherrschaft heimgesucht. Zudem begann der weltweite Terror. Osama Bin Laden, der Chef des internationalen Terrornetzwerks *al-Qaida*, versteckte sich in Afghanistan, von wo aus er seine Anhänger und Terroristen steuerte.

Zu allem Elend wurde Nord-Afghanistan von schweren Erdbeben erschüttert (1998). Ein Jahr später versengte eine große Dürre für mehrere Jahre das Land. Flüsse trockneten aus, Brunnen versiegten, Tiere verendeten. Bauern verkauften ihr Hab und Gut, denn sie konnten den ausgedörrten Boden nicht mehr bebauen. Der Fluss der Hauptstadt, der Kabul, war nicht mit Wasser, sondern mit Abfällen und Unrat gefüllt. Die Not der Menschen war unbeschreiblich groß.

Am 11. September 2001 wurden die USA durch eine konzertierte Terror-Aktion von *al-Qaida* bis ins Mark getroffen. Das World Trade Center in New York wurde vor den Augen der Welt pulverisiert, weil sich Selbstmordattentäter mit zwei entführten, voll besetzten Passagierflugzeugen in die markanten Türme hineinstürzten. Tausende starben. Millionen schauten fassungslos an den Bildschirmen zu. Auch das Pentagon in Washington wurde auf diese Weise angegriffen.

Als Vergeltung begannen die USA im Oktober Afghanistan zu bombardieren und im November schwere Luftangriffe auf Kandahar zu fliegen, wo sie Bin Laden vermuteten. Zudem starteten die USA im Verbund mit ihren Alliierten eine große Boden-Luft-Offensive gegen Taliban- und *al-Qaida*-Nester und verwendeten zum Teil neuartige Benzinbomben, die vor allem in den Bergmassiven von Tora Bora, einer Höhlenfestung, eingesetzt wurden. Zwar wurde sie von den alliierten Streitkräften eingenommen, aber Bin Laden war längst in Pakistan untergetaucht, wo er erst 2011 durch ein Elite-Kommando der USA getötet wurde.

Es begannen Friedenskonferenzen auf dem Petersberg in Bonn. Deutschland eröffnete in Afghanistan fünfzehn Mädchenschulen. Im Juni 2002 trat in Kabul die große Ratsversammlung, die *Loya Jirga*, zum ersten Mal seit vielen Jahren wieder zusammen und wählte eine neue Regierung. Der Paschtune Hamid Karsai wurde zum Präsidenten gewählt. Er sollte das Land vereinen und für ein friedliches Zusammenleben sorgen. Es gelang ihm nicht. Die Kämpfe der verschiedenen Volksgruppen untereinander um die Macht und die richtige Regierungsform gingen weiter. Ganze Generationen waren zerstört und ihrer Kultur beraubt worden. Entwurzelte junge Menschen flohen oder schlossen sich militanten Gruppen an, weil sie alle Familienmitglieder durch Massaker verloren hatten und sie rächen wollten. Korruption, Terrorakte, Attentate, Hass, Leid und Tränen zerstörten weiterhin das Land und seine Menschen. Afghanisches Heroin und Opium überschwemmten den Weltmarkt, eine nachwachsende Einnahmequelle für die kämpfenden Milizen, um immer wieder Waffen und Munition kaufen und den Streit befeuern zu können. Viele Jahre Krieg – wenig Aussicht auf ein Ende.

Mir schwirrt der Kopf von diesem kurzen Abriss der Geschichte Afghanistans und ich denke, dass es Simone ähnlich gegangen sein muss. Sie näherte sich ihrem Ziel mit der Geschwindigkeit von vier Düsen-Triebwerken. Vielleicht schaute sie aus dem kleinen Fenster des Flugzeuges und hing ihren Gedanken nach und verstand immer besser, warum viele Kenner Afghanistans von einem »gescheiterten Staat« sprachen. Ob Gott es auch so sah, fragte sie sich. Aber dann hätte er nicht so viele Menschen in dieses Land geschickt, die den Afghanen nach Leib, Seele und Geist helfen wollten. Gewiss gab es viele Staaten auf der Erde, die mit Armut, Kriegen und Vertreibung zu kämpfen hatten. Aber in Afghanistan kamen viele verwickelte Probleme zusammen. Sie zu lösen schien unmöglich. Gut gemeinte Versuche scheiterten immer wieder. Irgendwie litt das Land an einer verhängnisvollen Form von politischer und gesellschaftlicher Autoimmunkrankheit, durch die es sich selbst zerstörte.

Inzwischen war die Sonne vollends aufgegangen. Ihr Licht verwandelte die Wolkendecke in ein rotes Flammenmeer. Simone wünschte sich in diesem Moment sehr, wenigstens einigen Menschen etwas Trost und Freude, Licht und Hoffnung bringen zu können. Sie machte sich nichts vor. Es würde nicht leicht sein. Aber sie hatte auch nicht vor, selbst ein leichtes Leben zu führen, sondern den Menschen, zu denen Gott sie lotsen würde, das Leben zu erleichtern. Die vertraute Stimme des Co-Piloten riss sie aus ihren Gedanken.

»Guten Morgen, meine Damen und Herren. Wir sind im Lande-
anflug auf Kabul. Es erwartet uns Sonnenschein und eine Tempe-
ratur von 24 Grad Celsius. Bitte schnallen Sie sich an, stellen Sie
ihre Rückenlehnen und Tabletts aufrecht. Bleiben Sie sitzen, bis das
Flugzeug seine Halte-Position am Gate erreicht hat …«

Simone hörte schon nicht mehr richtig zu. Ein merkwürdi-
ger Gefühls-Cocktail von Anspannung, Freude, Unsicherheit und
Erwartung bemächtigte sich ihrer. Sie musste mit den Tränen
kämpfen.

8. KABUL – EIN BRODELNDER SCHMELZTIEGEL

Bewahre mich, Gott;
denn ich traue auf dich.

Psalm 16,1

Chuda Hafes –
Gottes Schutz anbefohlen

Zwei Frauen, mittleren Alters und braun gebrannt, standen in der Ankunftshalle des Internationalen Flughafens in Kabul. Sie hielten Ausschau nach Simone. Bald entdeckten sie einander und winkten sich zu. Die beiden waren sichtlich froh, Simone wohlbehalten in die Arme schließen zu können. Sie luden das wenige Gepäck ins Auto und fuhren zu ihrer Wohnung. Unterwegs bekam Simone einen ersten Eindruck von dem dichten Verkehr, der hier herrschte. Zu viele Autos drängten sich hupend durch die teilweise zu engen Straßen, daneben überfüllte Busse, Fahrräder, Mopeds und Männer, die hoch beladene Karren schoben. Dazwischen Verkehrspolizisten, die mit ihrer Kelle das Chaos zu lenken versuchten. Auffallend viele Kinder, die an jeder Ampel Kaugummis, Schals, Taschen und andere Waren an Autofahrer verkaufen wollten. Manche von ihnen hatten nur einen Arm oder ein verkürztes Bein und humpelten an selbst zusammengebauten Krücken herum. Oder sie hatten schlimme Verbrennungen im Gesicht und an den Händen, die teilweise entzündet waren.

»Das sind Folgen der mit Sprengstoff präparierten Spielzeuge, nach denen Kinder spontan gegriffen haben, oder der Landminen, auf die sie beim Spielen im Gelände getreten sind«, erklärte Betty. »Unzählige sind dabei ums Leben gekommen«.

»Über diesen schlimmen Nachlass der Russen und der lokalen Kriegsparteien wird in Deutschland immer wieder berichtet«, sagte Simone. »Es werden traurige Schicksale erzählt, die mir oft nahegehen. Manche Kinder werden in Spezialkliniken bei uns behandelt. Fruchtbares Ackerland soll voller Landminen sein, sodass die Bauern ihre Felder nicht bestellen können. «

»Ja, das stimmt leider«, antwortete Mirjam. »Viele Minen wurden ganz gezielt in fruchtbares Land eingegraben, sodass die Menschen es nicht bebauen können. Deshalb sind Nahrungsmittel auf dem Land oft knapp.«

Die Fahrerin schlängelte sich elegant durch den Verkehr. Rechts und links der Straße standen Bäume, Ulmen oder Platanen, die zerzaust und staubig waren. Große Reklameschilder prangten überall, immer wieder Coca-Cola-Werbung, die wie Hohn wirkte. Überall drängten sich Menschen, viele sahen verhärmt aus, andere krank und verzweifelt. Manche Frauen trugen die Burka, andere stöckelten in modernem Outfit an Läden entlang und betrachteten die Auslagen. In diesem Schmelztiegel brodelte vielfältiges Leben. Sie fuhren an einigen schwer bewachten Botschaftsgebäuden vorbei Richtung Südwesten, ließen den Zoo links liegen und überquerten den Camcamast, wie Simone von ihren Begleiterinnen erfuhr.

»Ob ich mich in diesem Verkehrschaos je selbst zurechtfinde?«, fragte Simone.

»Warte es nur ab. In einigen Wochen denkst du darüber nicht mehr nach. Aber du kannst dir auch jederzeit ein Taxi nehmen.«

Inzwischen waren sie am Ziel: in einem Compound, einem Wohnbereich von mehreren Häusern, der von einer hohen Mauer umgeben ist und nur einen bewachten Zugang hat. In solchen Wohnkomplexen, die einen Innenhof mit einem gut gepflegten Garten umschlossen, wohnten meistens die Ausländer. Simone wurde von einer finnischen und einer britischen Familie herzlich begrüßt, auch von einer Neuseeländerin, die sie wieder an ihren Kapitän Bird und seine Familie auf der Doulos erinnerte. Sie bezog ein gemütliches Zimmer in einer kleinen Wohnung, die sie mit anderen teilte. Schnell hatte sie ihre Sachen verstaut. Kleine vertraute Gegenstände fanden ihren Platz auf ihrem Schreibtisch. An der Wand gegenüber montierte sie eine Collage mit Bildern ihrer Angehörigen und Freunde und eine Straßenkarte von Kabul.

Der Leiter und die Lehrer der Sprachschule unterstützten die Neuankömmlinge in jeder Hinsicht. Simone lernte schnell, wo sie trinkbares Wasser finden konnte und wie sie das Obst und Gemüse vom Markt behandeln musste, um nicht krank zu werden. In der Gemeinschaftsküche wurde das Wasser immer gefiltert mit einem verhältnismäßig einfachen System: Das Leitungswasser wurde in einen Wassertank mit drei Keramik-Filterkerzen geleitet, durch die das Wasser rieselte und so die Keime herausfilterte. Von dort aus tropfte das keimfreie Wasser in einen Tank darunter, wo es dann für den Gebrauch angezapft werden konnte. In einer Stunde tropften etwa vier Liter durch das Filtersystem. Wer sehr empfindlich war, konnte noch Jodtabletten beifügen und hatte nun Wasser, das sowohl mechanisch als auch chemisch behandelt worden war. Für unterwegs gab es auch handliche mobile Katadyn-Flaschen, die nach demselben Prinzip arbeiteten.

Simone war nicht immer auf Keimfreiheit bedacht, was ihre Mitbewohner mit Sorge bemerkten. Doch sie war ziemlich robust und erkrankte selten. Sie ernährte sich schon immer vegetarisch, wenn es irgend ging, machte jedoch kein Aufhebens davon und wollte nie eine Extrawurst gebraten bekommen. Zwei Mitbewohnerinnen zeigten ihr, wo sie in der Nähe in einem kleinen Markt die nötigen Sachen kaufen konnte. Langsam begriff sie, wie die Stadt und das Leben darin funktionierten. Der Straßendschungel war ganz anders angelegt als in London oder Hongkong. Sie konzentrierte sich aber nun auf den Hauptgrund ihres Aufenthaltes in Kabul: Dari-Persisch zu lernen, eine Variante der in Afghanistan gesprochenen persischen Sprache.

Während einer Lernpause schaute sie gern eine Weile aus dem Fenster ihres Zimmers. Irgendwo lärmte ein Radio. An die ungewohnten orientalischen Klänge mussten sich ihre europäischen Ohren noch gewöhnen. Es roch verführerisch nach Curry und nach unbekannten Gewürzen. Der Duft kam von einem kleinen indischen Laden an der Ecke. Kinder spielten auf der Straße mit leeren Dosen Fußball. Sie traktierten sie mit viel Geschrei und Leidenschaft. Das blecherne Geschepper, wenn die Dosen über die Steine kullerten, schien niemand zu stören. Andere hielten kleine bunte

Drachen in den Wind, die lustig flatterten. Die etwas größeren Kinder schleppten mühsam schwere Wassereimer nach Hause. Neben Curry roch es aber auch nach den Abfällen, die sich auf der Straße türmten. Müllabfuhr? So etwas hatte Simone hier noch nicht gesehen. Einige Ziegen machten sich am Hausmüll zu schaffen und sorgten für die Mülltrennung. Simone lächelte vor sich hin beim Gedanken an ihre Dettinger. Wenn die Müllabfuhr im Schwabenland einmal streikte, war das fast eine nationale Katastrophe. Aber hier? Kein Problem! Mal waren die Haufen größer, mal kleiner, mal verwehte sie der Wind, mal vermehrte er sie.

Simone zuckte zusammen. Der Ruf zum Gebet ertönte. Über Lautsprecher war der Muezzin im ganzen Stadtviertel zu hören. Sie musste sich die Ohren zuhalten, da ein Lautsprecher ganz in der Nähe ihrer Wohnung montiert war. Fünfmal täglich erklang dieser Ruf, an den sie sich noch nicht gewöhnt hatte. Einen Wecker brauchte sie hier nicht, denn bei Sonnenaufgang war der erste Ruf zu hören, der sie meistens aus dem Schlaf riss. Die Afghanen hielten ihre täglichen Gebetszeiten streng ein.

Auch heute schaute sie wieder zu den kahlen bräunlichen Bergen, die Kabul umgaben wie ein schützender Wall. Wo sich die Dunstglocke, die meistens über der Stadt hing, etwas auflöste, konnte sie eine zweite und dritte Welle von höheren Bergen sehen, sie waren teilweise schneebedeckt. Die Hänge hinauf schienen einfache Lehmhäuser der ärmeren Bevölkerung wie braune Pappschachteln zu kleben. Eine *kolba* an der anderen, so wurden die Hütten hier genannt. Manche waren auch zweistöckig und mit etwas Farbe angestrichen. Das war nicht Simones schöne, bewaldete Heimat. Alles hier war schroff, steil, steinig und karg. Die graubraune Farbe des Sandes und der Steine wirkte eintönig. Wenn da nicht das wunderbare Licht gewesen wäre, das wie ein Vorhang von den weiter entfernten Bergen herunterfiel! Simone konnte es nicht jeden Tag sehen, aber manchmal war es da, und dann konnte sie es nur bestaunen.

Genug geträumt, ermahnte sie sich, zurück zu den Vokabeln und der Grammatik! Sie waren zwölf Schüler, die in kleinen Gruppen intensiv mit einem einheimischen Lehrer die Hauptsprache des Landes lernten. Als Simone vom Unterricht zurückkam, stürmte sie lachend in die Wohnung und trommelte die WG zusammen. »Stellt euch vor, was uns heute passiert ist!«

Die Mitbewohnerinnen schauten sie erwartungsvoll an.

»Heute hat Jenny den Lehrer gefragt: ›Bist du ein Hund?‹ Jenny wollte aber fragen: ›Hast du einen Hund?‹ Zum Glück war der Lehrer nicht beleidigt und nahm es mit Humor.«

Die anderen lachten und meinten: »So etwas ist uns auch dauernd passiert«.

Dari gehört zur indogermanischen Sprachfamilie, kennt keine Artikel und kein grammatikalisches Geschlecht. So ist diese Sprache für Europäer nicht schwer zu erlernen. Und doch braucht es Geduld und viel Übung, sie anwenden zu können. Neben all den neuen Klängen stürmten natürlich viele andere Eindrücke auf Simone ein.

Es war Dezember geworden. Der Winter hatte Einzug gehalten. Simone nahm besonders nachmittags ihren ganzen Mut zusammen und machte sich immer wieder allein auf zu Entdeckungstouren, obwohl ihr Wortschatz noch klein war und sie eigentlich nicht allein unterwegs sein sollte. Sie versuchte tapfer, auf dem Markt die Landessprache zu sprechen, doch schon ein Satz mit vier

Worten schien ihr mühsam lang. Die Händler lächelten nachsichtig und halfen ihr, wenn sie herausfanden, was sie sagen wollte.

Mit dem Taxi fuhr Simone gern ins Zentrum der Stadt, um sich im überdachten Halbdunkel des großen Basars umzusehen, der auf mehrere Straßen verteilt war. Im allgemeinen Tourismusstrom fiel sie nicht auf. Sie besuchte natürlich auch die *Chicken Street* (Hühnerstraße), die legendäre Touristenmeile, wo es alles, nur keine Hühner gab. Aber im ganzen Basargebiet gab es alles zu kaufen, was man sich denken konnte: Kleidung, Bücher, Gewehre, Uhren, alte Transistorradios, Vorhängeschlösser, selbst Halsketten oder Anhänger aus Lapislazuli leuchteten blau in den dämmrigen Auslagen der Händler. Simone getraute sich sogar manchmal, zu feilschen und zu handeln. Schnell hatte sie herausbekommen, dass die Waren ziemlich überteuert angeboten wurden, damit Spielraum blieb für ein leidenschaftliches Hin und Her des Handelns. Das gefiel ihr. Mit der Zeit konnte sie so hart feilschen, dass sich die Händler die Haare rauften und ihren bevorstehenden Bankrott bejammerten – der natürlich nicht eintrat. Sie entdeckte auch Läden mit modernen Elektronikartikeln. Sollte ihr Laptop einmal krank werden, konnte sie sich hier Hilfe oder Ersatzteile holen. Es gab auch Internetcafés, wobei ihr nicht klar war, ob Frauen dort hineindurften.

Simone beobachtete Männer, die in Gruppen auf dem Marktplatz standen, rauchten und heftig gestikulierten, wenn sie sprachen. Frauen in ihrer Nähe erzählten ihr, dass die Männer schon seit dem frühen Morgen dort in der Kälte standen in der Hoffnung, Arbeit zu finden und ein paar Afghani zu verdienen, mit denen sie etwas Holz und Essen für ihre Familien kaufen konnten. Manche standen dort vergebens den ganzen Tag. Das bedeutete für ihre meist große Familie, die sich in einem Raum zusammendrängte, sich hungrig auf die Kissen und Teppiche zu legen, die auf dem Boden ausgebreitet waren, und möglichst schnell einzuschlafen. Diese Menschen lebten am Rande der Stadt in Zelten und notdürftig zusammengenagelten Behausungen. Es waren Kriegsflüchtlinge, die alles verloren hatten und sich mühsam über Wasser hielten. Seit 2002 hatte sich die Einwohnerzahl in Kabul fast verzehnfacht, auf knapp vier Millionen Menschen. Dies war für die ganze Infrastruktur der Hauptstadt eine einzige Katastrophe.

Zwei Worte waren Simone schnell geläufig: *Salam Aleikum.* So begrüßten sich die Menschen hier und legten dabei eine Hand aufs Herz. »Friede sei auf euch.« *We want peace* hatten Jugendliche mit großen Buchstaben und leuchtenden Farben an manche Hausfassaden gesprayt. Die Sehnsucht nach Frieden war groß, das spürte Simone. Es berührte sie immer wieder, wenn sie die Graffiti las. Sie konnte nicht anders, als um Frieden für Afghanistan zu beten. Überhaupt tat sie das immer, wenn sie durch die Straßen ging; manchmal sprach sie leise einen Segen über die Menschen, denen sie begegnete.

Für diese letzten Dezembertage hatte der Friedensgruß auch für sie eine tiefe persönliche Bedeutung, denn das Heimweh pochte wie ein kranker Zahn in der Tiefe ihrer Seele. Dann spürte sie auch eine Einsamkeit, die schmerzlich war. Aber sie bejahte sie als Teil ihres Weges und ihrer Berufung.

Der Winter brachte nach vielen Jahren der Trockenheit den ersehnten Regen und Schnee. Nicht nur die Kinder liefen voller Freude aus ihren Häusern auf die Straßen und Plätze, um die ersten Schneeflocken zu begrüßen. Als die Schneedecke dick und dicht wie Watte auf der Stadt lag, breitete sich auch eine wohltuende Ruhe und Stille aus. Alle Geräusche schienen gedämpft, das Hupen und Klingeln leiser, überhaupt fuhren weniger Autos. Die Luft wurde klarer, die Menschen heiterer.

Wenn es im Frühling ihre Termine zuließen, fuhr Simone mit Freunden zum Wandern aus der Stadt hinaus. Eines Tages folgten sie einem Pfad auf einer Hügelkette, deren Abhänge mit kleinen, leuchtend roten wilden Tulpen übersät waren. Sie wuchsen zwischen den Steinen und dem Sand.

»Ja, Simone, Tulpen kommen nicht aus Amsterdam, sondern aus Zentralasien«, meinte Khaled, einer der Lehrer, der ihre Freude an den Blumen bemerkte.

Simone, die immer empfänglich war für Inspirationen aus der Natur, war begeistert vom Anblick dieser Blumenpracht. Während sie weitergingen, blieb sie ein wenig zurück. Eine große Schar Bülbüls – Vögel aus der Familie der Sperlinge – flog zeternd und zwitschernd davon. Sie konnte sich nicht sattsehen. In ihrem Herzen dankte sie Gott für die Schönheit, die er hier so großzügig ausgestreut hatte. Zugleich bat sie ihn, er möge doch auch sein Wort in diesem Land so aufblühen lassen zwischen all den steinernen Unmöglichkeiten, die sich dagegenzustellen schienen. Dazu wollte sie als Sprachforscherin ihren Beitrag leisten und irgendwann einmal die Bibel, ihr Lebensbuch, für eine Volksgruppe übersetzen, deren Sprache nicht die Landessprache war. Am Himmel spielten zwei Gabelweihen miteinander im Aufwind. Sie schraubten sich höher und höher und zogen ihre Kreise weiter und weiter.

Simone entwickelte bald darauf ein Gebetskärtchen für ihre Freunde daheim mit dem Motiv der Tulpen zwischen den Steinen.

9. DIE SPRACHSCHULE

Wohlauf, lasst uns eine Stadt und einen Turm bauen,
dessen Spitze bis an den Himmel reiche,
dass wir uns einen Namen machen;
denn wir werden sonst zerstreut über die ganze Erde.
Da fuhr der Herr hernieder, dass er sähe die Stadt und den Turm,
die die Menschenkinder bauten.
Und der Herr sprach:
Siehe, es ist einerlei Volk und einerlei Sprache unter ihnen allen
und dies ist der Anfang ihres Tuns;
nun wird ihnen nichts mehr verwehrt werden können von allem,
was sie sich vorgenommen haben zu tun.
Wohlauf, lasst uns herniederfahren
und dort ihre Sprache verwirren,
dass keiner des andern Sprache verstehe!
So zerstreute sie der Herr von dort über die ganze Erde,
dass sie aufhören mussten, die Stadt zu bauen.

1. Mose 11,4-8

Fassungslos hörte jeder
die Jünger in seiner eigenen Sprache reden.
»Wie ist das möglich?«, riefen sie außer sich.
»Alle diese Leute sind doch aus Galiläa,
und nun hören wir sie in unserer Muttersprache reden.«
Apostelgeschichte 2,6-8 (HFA)

Das Haus, in dem die Schule untergebracht war, überragte die flachen, von der vorgeschriebenen Mauer umschlossenen Häuser um ein Vielfaches. Es hatte drei Stockwerke und unterbrach markant die graubraune Eintönigkeit der Umgebung.

Im Erdgeschoss waren die Büros und die allgemeinen Räume untergebracht, im zweiten und dritten Stockwerk befanden sich jeweils drei kleine Klassenzimmer. Die verschiedenen Klassen bestanden manchmal aus nur drei Schülern. Das war gut. So konnte jeder ohne Zeitdruck versuchen, komplexe Sätze in der neuen Sprache zu formulieren und die Knoten im Gehirn zu lösen. Leider war das Lernmaterial etwa dreißig Jahre alt und ganz nach den Lernmethoden jener Zeit aufgebaut.

Mittlerweile war der kurze Weg zur Schule für Simone zur Routine geworden. Ihr Tagesablauf war klar strukturiert, diszipliniert wie immer nutzte sie ihre Zeit aus. Meistens übte sie abends noch mit dem Wachmann, der für die Nachtwache im Compound eingeteilt war. Dazu saßen sie oft draußen im Garten auf einer Decke. Im Haus hätte diese Nachhilfe nicht stattfinden dürfen. Es gehörte sich nicht für eine Frau, mit einem Mann allein zu sprechen. Sie hörte seinen Geschichten zu, stellte Fragen und brachte ihm im Gegenzug etwas Englisch bei. Er wusste natürlich nicht, dass er Englisch mit schwäbischem Akzent sprechen lernte!

Im März 2004 ging der Sprachkurs für Simone zu Ende. Bald wurde sie zur Leiterin der Schule berufen. Sie arbeitete mit Lehrern und Schülern intensiv an der Verbesserung der Qualität des Unterrichts. Dies hatte den Nebeneffekt, dass ihre eigene Sprachfähigkeit besser und geschmeidiger wurde. Das war ihr ganz wichtig. Wenn sie später einmal als verantwortliche Linguistin und offiziell eingetragene Entwicklungshelferin im Innenministerium oder mit Distrikt-Gouverneuren über Sprachaufbau und Schulprojekte sprechen musste, dann wollte sie nicht mühsam herumstottern. Sie wollte möglichst flüssig in der Landessprache und nicht in Englisch mit ihnen verhandeln.

Sehr viel Kopfzerbrechen bereiteten Simone die unterschiedlichen, kulturell bedingten Auffassungen von Lernen: Asiatisches Lernen bedeutet Vorsprechen – Nachsprechen, bis Wörter und Sätze sitzen. Also: Auswendiglernen. Im Extremfall kann das sogar dazu führen, dass jemand eine ganze Schulkarriere durchläuft, ohne dabei lesen zu lernen – und es merkt kaum jemand. Mit einem ordentlichen Gedächtnis geht das. Westliches Lernen bedeutet hingegen eigenständiges Lernen, unterstützt durch Logik, Aufbau, Struktur. Wie sollte sie das ihren Lehrern erklären, die selbst auf der Universität im asiatischen Stil unterrichtet worden waren und nun auch nach dieser Methode unterrichteten? Dazu benötigten sie keine extra Vorbereitung des Unterrichts, auch keine Reflexion danach. Und überhaupt, welche Lernform war die bessere? Sie wollte gern eine moderne Sprachlehre finden, die ihren Lehrern einleuchtete. Doch bis jetzt sah sie dafür keinen Weg. Das Arbeitspensum in der Sprachschule sah so aus:

Zehn Schüler nahmen in vier Gruppen an einem halbjährigen intensiven Sprachkurs teil. Daneben wurden Kurse für die zweite Landessprache angeboten, Paschtu oder auch Paschtunische Sprache, die von der größten Volksgruppe im Land, den Paschtunen, bevorzugt gesprochen wurde. Außerdem wurden monatlich über hundert Stunden Einzelunterricht gegeben. Dafür standen elf Lehrer zur Verfügung, manche in Teilzeit, sowohl Frauen als auch Männer.

Neben dem Wunsch, eine bessere Lernmethode zu finden, verlor Simone aber ihr eigentliches Ziel nicht aus den Augen: mit einem Volk zu arbeiten, das eine ungeschriebene Sprache spricht, und sich dort der Sprachforschung widmen zu können, um die Grammatik, ein Alphabet und die Rechtschreibung dieser Sprache zu erarbeiten und zu entwickeln. Auch dafür musste sie die Landessprache als sogenannte Mittel-Sprache in feinsten Nuancen beherrschen.

Im Oktober 2004 erhielten die Schüler des ersten Sprachkurses ihre Zertifikate. Jetzt konnten sie mit guten Grundkenntnissen in der Landessprache verschiedenste Aufgaben übernehmen, für die sie ins Land gekommen waren: als Hebamme in einem Mutter-Kind-Krankenhaus in einer abgelegenen Gegend, als Lehrer für die Kinder der Kollegen oder als technische Leiter für die Reparatur von medizinischen Geräten, als Piloten und Ingenieure. Es gab so viel zu tun, und es gab auch viele Möglichkeiten dazu. Aber bevor sie hinausgingen an ihre Wirkungsstätten, wurden in der Schule Reden gehalten, Zertifikate und Geschenke verteilt, es wurde gefeiert und – ein absolutes Muss bei solchen Gelegenheiten – miteinander gegessen. Dazu eignete sich das Nationalgericht *Qobile Palau* hervorragend. Für alle, die inzwischen Feuer für Afghanistan gefangen haben, sei *Qobile Palau* zum Nachkochen wärmstens empfohlen:

Qobile Palau

Zutaten:
50 ml Pflanzenöl
2 Zwiebeln
4 Zimtstangen
8 grüne Kardamomsamen
1 große Karotte, in schmale Streifen geschnitten
250 g dunkle Rosinen
125 g geschälte Mandeln
500 g Reis
¼ TL Salz

Zubereitung:
Den Reis kochen. Die Zwiebeln im Öl zusammen mit den Gewürzen anbraten. Danach beides mischen und die Mandeln zugeben. In die Mitte des Reises ein Loch drücken, die Karotten und Rosinen hineingeben und alles im Ofen bei 150 Grad für 20 Minuten backen. Danach mischen und auf einer Platte anrichten. Das Gericht wird mit gebratenem Fleisch – unter dem Reis begraben – serviert, entweder getrocknetes Fleisch oder frisches Lamm oder Huhn.

Qobile Palau wird bei Festen gereicht und auch für private Einladungen gekocht. Bei solchen Anlässen ist es zwingend nötig, Berge von Essen anzubieten – und danach noch Obst, Tee und Süßigkeiten zu reichen. *Qobile Palau* ist dabei das beliebteste und bekannteste Gericht der Afghanen und schmeckt außerdem auch noch sehr gut!

Mit der Zeit begriff Simone, dass sie sich so afghanisch kleiden und benehmen konnte, wie sie wollte, sie wurde immer als Ausländerin erkannt, ohne auch nur den Mund aufzumachen. Manchmal riefen ihr sogar die Kinder *Choretschi* nach, was so viel wie Ausländer oder Außenseiter bedeutet. Ihre Körpergröße und Körperhaltung, ihre Schrittgeschwindigkeit und natürlich ihre Gesichtszüge verrieten sie. Gern hätte sie mehr Kontakt zu den Afghanen aufgebaut, aber für eine Frau allein war das nicht möglich, eine Single-Frau sollte nie allein auf die Straße gehen. Das gehörte auch zum Sicherheitskonzept, das von Ausländern beachtet werden sollte. Deshalb waren die Einsatzteams so zusammengestellt, dass möglichst ein Ehepaar, oft mit Kindern, und eine alleinstehende Person beieinander waren. Die Abhängigkeit von anderen, die sich daraus ergab, machte das Leben und den Einsatz in Afghanistan auch für Simone kompliziert. Nichtsdestotrotz: In Kabul stürzte sie sich weiterhin oft löwenmutig allein ins Getümmel des Basars, wenn ihr danach zumute war. Manchmal kamen junge Afghanen in ihren Schuluniformen auf sie zu, um ihre Englischkenntnisse zu testen.

Im Gegensatz zur Straße war die Sprachschule ein geschützter Raum, in dem Simone ohne die üblichen landestypischen Probleme Beziehungen zu Afghanen aufbauen konnte. Im Kreis der Lehrer wurde über Missverständnisse manchmal herzlich gelacht, Konflikte, die immer wieder entstanden, wurden ausgeräumt – Lehrerinnen fühlten sich oft von ihren männlichen Kollegen diskriminiert –, und gemeinsam grübelten sie über eine Verbesserung der Arbeit in der Sprachschule nach. Simone erzählte den einheimischen Kollegen, wie man in Deutschland arbeitet und dass ihre Volksgruppe, die Schwaben, ein besonders inniges Verhältnis zur Arbeit haben. Die afghanischen Lehrer lachten darüber. Wie kann man so verrückt, so besessen von der Arbeit sein! Gott schenkt jeden Morgen einen neuen Tag. Da ist genug Zeit, um heute das zu tun, was gestern nicht getan werden konnte.

Durch solche offenen Gespräche erfuhr Simone viel darüber, wie die Afghanen ihr häusliches Leben gestalten und welches Gewicht es in ihrem Leben hat. Der Mann ist für den Schutz der Familie und für die Erziehung der Kinder zuständig. Er vermittelt ihnen die traditionellen Sitten und Bräuche und die religiösen Verpflichtungen. Auch über die Rolle der Frau im islamischen Alltag hörte Simone viel, die – ihrem Empfinden nach – noch sehr entwicklungsfähig war. Sie lernte viele ungeschriebene Regeln kennen, ein ausgeprägtes Brauchtum, auf das ihre Gastgeber stolz waren. Überhaupt sind die Afghanen ein stolzes und mutiges Volk.

Im Juni war das Wetter angenehm sommerlich warm. Barbiere bedienten ihre Kunden unter offenem Himmel, Teejungen liefen schreiend mit ihren Tabletts im Basar hin und her und boten frisch gebrühten Chai an. Die Bäume an den Straßenrändern waren grün, trotz der Staubschicht, die auf ihnen lag. Es waren wohltuende Farbtupfer im üblichen Graubraun der Stadt. Das Land litt wieder unter einer großen Trockenheit. Verstärkt wurde sie noch durch einen starken Wind, der zurecht Staubwind genannt wird. Er blies den Staub durch alle Ritzen ins Haus und – trotz Schal vor Mund und Nase – knirschte der Sand unangenehm zwischen den Zähnen. Wie auf einen unsichtbaren Knopfdruck hin begann der Wind immer so gegen 16 Uhr heftig zu wehen. Es rauschte wie am Strand bei Windstärke 8, Plastiktüten flogen wie Drachen durch die Luft, Staubwolken wurden spiralförmig hochgesaugt und tanzten auf den Straßen, Umrisse von Menschen, Autos und Karren tauchten wie Schemen aus dem dichten Nebel von Staub auf und verschwanden wieder darin.

In der Sprachschule wurde für einige Wochen der Betrieb eingestellt. Urlaub hieß das Zauberwort. Nicht nur Simone war froh, dass sie Wind und Staub eine Weile entfliehen konnte. Die konzentrierte Arbeit mit den Lehrern und den Schülern hatte sie doch mehr erschöpft, als sie dachte. Wie es ihre Art war, hatte sie sich wieder völlig verausgabt. Zusammen mit einigen Freunden reiste sie in ein Nachbarland. Dort kletterten sie auf schneebedeckte Berge, überquerten Gletscher, genossen die klare Luft ebenso wie das Schwimmen in tiefblauen Seen. Kein Staub verhinderte den Blick in den hohen, strahlend azurblauen Himmel. Es tat der ganzen Gruppe gut, sich etwas freier in europäischer Kleidung bewegen zu können und keine Sicherheitsmaßnahmen beachten zu müssen. Alle konnten sich entspannen, Abstand vom Alltag gewinnen, Grammatik und Vokabeln vergessen und fröhlich Gottes Schöpfung bestaunen.

10. REVOLUTION MIT WÖRTERN

Ich will dich unterweisen
und dir den Weg zeigen, den du gehen sollst;
ich will dich mit meinen Augen leiten.

Psalm 32,8

Im September begannen gleich zwei neue Sprachkurse, der eine –
wie gewohnt – in der Hauptstadt. Simone traute ihren Kollegen zu,
diesen Unterricht durchzuführen. Sie selbst machte sich auf, um in
einer kleinen Stadt im Nordwesten des Landes sechs Sprachschüler
zu unterrichten. Sie kamen aus Skandinavien und Amerika und
würden in der Stadt bleiben, um in der psychiatrischen Abteilung
eines Krankenhauses oder bei der Entwicklungshilfe in den umliegenden Dörfern zu arbeiten.

Zum ersten Mal sollte Simone diese Region Afghanistans kennenlernen. Dort gibt es vor allem herrlich alte Bäume, die charak-
teristisch für die Stadt sind, Aprikosenbäume, Wacholder, Ulmen,
Olivenhaine und wunderschöne Blumen. Die hübsche kleine alte

Stadt ist umgeben von Weizen- und Gerstenfeldern. Wenn sich die Ähren im Wind wiegen, ist das ein großartiges Naturschauspiel. »Du wirst ein ganz anderes Afghanistan sehen«, schwärmte ein Kollege. Simone freute sich darauf. Außerdem wurde ihr verheißen, dass es in dieser Stadt normalerweise täglich vierundzwanzig Stunden Strom gebe. Das Gespräch unter den Kollegen ging noch eine Weile hin und her. Sie sprachen aber nicht nur über den azurblauen Himmel der Kleinstadt, sondern fachsimpelten auch um die Methoden des neuen Kurses. Denn Simone wollte gern, dass jeder neue Kurs besser, origineller und professioneller wäre als der vergangene. Dann stand Simone auf, packte ihre Sachen zusammen und meinte:

»Jetzt muss ich erst mal in die Küche. Ich habe meiner Mannschaft versprochen, zum Abschied schwäbischen Zwiebelkuchen zu backen. Sie wünschen sich schon lange ein deutsches Essen von mir.«

Der Abend war schön und schmerzlich zugleich. Simone spürte, dass ihr der Abschied von ihren Schülern schwerfiel, obwohl er zeitlich begrenzt war. Sie waren in den vergangenen Monaten zu einer Gemeinschaft zusammengewachsen. Der Zwiebelkuchen schmeckte den meisten, einige wenige lobten höflich den Aufwand, den Simone dafür getrieben hatte, in den höchsten Tönen.

Wie kann ich eine Methode finden, die das Erlernen der Fremdsprache erleichtert? Mit dieser Frage schlug sich Simone beständig herum. Sie erhoffte sich eine Antwort auf diese Frage in einem Fortbildungsseminar im Ausland. Dort unterrichteten Linguisten eine ganz andere Art, Fremdsprachen zu lernen. Simone war wie elektrisiert. Das war's, wonach sie suchte! Diese Methode leuchtete ihr ein, inspirierte und motivierte sie ganz neu. Sie war vom

Sprachforscher Greg Thomson ausgearbeitet und von anderen weiterentwickelt worden. Ihr Ansatz des Spracherwerbs lebt vom Zuhören und Sprechen, so wie Kinder es machen. Auch werden Vokabeln und Regeln nicht mit dem Lehrbuch gelernt. Der Anfänger erlebt mit einem Gastgeber im Einsatzland oder in einer kleinen Gemeinschaft das alltägliche Leben mit und versteht Worte und Handlungen nach und nach immer besser. Während einer solchen Lernstunde sagt zum Beispiel der Vater zu seinem Sohn:

»Steh auf und öffne das Fenster!«

»Komm her und setze dich wieder zu uns!«

Der Sprachschüler verknüpft diese Worte mit der Handlung, die er erlebt. Irgendwann wendet sich der Gastgeber an seinen Gast und sagt: »Steh auf und schließe das Fenster!« Dabei lernt der Schüler ein neues Wort und eine neue Handlung kennen. So wächst er durch Teilhabe am praktischen Leben in die neue Sprache hinein, er ist ein *Growing Participator Approach*, kurz GPA, so ist die Methode benannt. Am Ende von drei Phasen, die er durchläuft, hat der Teilnehmer die Sprache so weit erfasst, dass er sie verstehen und sich darin verständlich ausdrücken kann. Dazu sind viele hundert Stunden nötig, die in etwa sechs Monaten bei intensiver Übung zum Erfolg führen. Nach weiteren Fortbildungsstunden bis Phase sechs beherrscht der Schüler die Sprache gut.

Simone genoss an dem Seminar in einem religiös freien Land auch, dass sie sich überall frei bewegen und ohne Verbote über ihren Glauben sprechen konnte. Das war nicht nur wohltuend, sondern auch dringend notwendig für sie.

Nach ihrer Rückkehr setzte sie das Gelernte gleich in die Tat um. Von der internationalen Leitung für die Sprachschule hatte sie die Erlaubnis bekommen, nach der Thomson-Methode zu arbeiten. Sie bat ihre Familie in Deutschland, Playmobil-Figuren zu schicken. Den verdutzt nachfragenden Angehörigen versprach sie, beim nächsten Heimataufenthalt zu demonstrieren, wie man damit eine fremde Sprache lernen kann. Lukas, der Jüngste ihrer drei Neffen, sammelte von da an fleißig so viel Playmobil-Teile, wie er konnte: Tiere, Werkzeuge, Möbel, Fahrzeuge, Männer, Frauen, Babys. Dabei hatte er die pfiffige Idee, sie der Tante zu verkaufen, wenn sie kam, um sein Taschengeld aufzubessern. Der Handel kam später tatsächlich zustande, natürlich im afghanischen Stil, was beiden größtes Vergnügen bereitete.

Mit Feuereifer entwickelte Simone die vielen neuen Unterrichtsstunden, in denen nach Thomson gearbeitet werden sollte. Allerdings waren nicht alle der Lehrer davon begeistert, sodass es schließlich zweierlei Sprachlernmethoden an der Schule gab.

Im April 2005 begann der erste Kurs nach der neuen Methode. Es wurde mit Bildern, Gegenständen, Bewegung oder mit den Playmobil-Figuren gearbeitet. Eine Unterrichtsstunde konnte etwa so aussehen:

Simone sagt: »Die Mutter knetet den Teig.«

Die Teilnehmer verstehen den Satz und machen die knetende Bewegung mit. Jemand nimmt eine Stadtkarte und ein Playmobil-Männchen und sagt:

»Die Mutter bringt den gekneteten Teig zum öffentlichen *tandoor*. Dort werden die Brotfladen gebacken.«

Während des Sprechens wird das Männchen auf einer Straßenkarte von der Schule durch die Straßen zum *tandoor* (öffentlicher Ofen) geschoben.

Verstehen ist in dieser frühen Phase wichtiger als Sprechen. Das stellt sich mit der Zeit von selbst ein. Aber eine fremde Sprache, die mit Bildern, Gegenständen und Aktionen vermittelt wird, prägt sich leichter und tiefer ein. Bekanntes wird wiederholt, Neues langsam hinzugefügt. Natürlich müssen Vokabeln gelernt werden. Aber die Teilnehmer büffeln nicht mehr nur, sondern sie wachsen in die fremde Sprache hinein.

Die neue Methode kam besonders Mara und Jens Mainland zugute. Mara war keine abstrakte Buch-Lernerin. Da Simone die einzelnen Teilnehmer sehr intensiv betreute, fand sie schnell heraus, welche individuelle Hilfe Einzelne brauchten. So lernte Mara zu ihrem eigenen Erstaunen Dari schneller als gedacht. Bald konnte sie Simone in der Schule bei der Ausarbeitung des Lernmaterials unterstützen. Das war ein Himmelsgeschenk für Simone. Die Geburt der ersten Tochter hinderte Mara nicht, sich weiter in der Sprachschule einzubringen. Nach und nach entwickelte sich eine Freundschaft zwischen den beiden Frauen.

Einmal im Monat trafen sich die deutschen Entwicklungshelfer der verschiedensten Hilfs-Organisationen zu einem Gottesdienst bei den drei Brüdern der Christusträgerschaft. Ein deutscher Militärpfarrer hielt in der Regel die Predigt, manchmal übernahm auch Simone diesen Part. Die Brüder hatten ein großes Wohnzimmer, in dem die etwa dreißig Personen, die den Gottesdienst besuchten, Platz fanden. Außerdem wurde immer deutsches Essen gekocht, eine besondere Gaumenfreude für alle Teilnehmer. Diese Abende bedeuteten jedes Mal einen Höhepunkt in der Fremde. Alle genossen die ungetrübte Gemeinschaft unter Gleichgesinnten. Es wurde erzählt und nachgefragt, man nahm gegenseitig Anteil am Erlebten, gab Ratschläge weiter und suchte gemeinsam nach Lösungen für Schwierigkeiten.

Die deutschen Brüder, wie sie überall genannt wurden, waren schon seit 1969 im Land. Sie versorgten zunächst in einem kleinen Dorf nördlich von Kabul Leprakranke, die von ihrer Gemeinschaft ausgestoßen worden waren. Nach dem Einmarsch der Russen durften westliche NGOs[6] im Land nicht mehr arbeiten. Die Brüder zogen sich nach Kabul zurück. Sie überlebten die russische Besatzung und konnten danach zwei kleine Kliniken eröffnen, in denen sie die Ärmsten der Armen versorgten. Außerdem richteten sie eine Werkstatt ein, in der vor allem die umliegenden Hospitäler ihre Gerätschaften überprüfen oder reparieren lassen konnten. Zahlreiche junge Afghanen erlernten bei Bruder Siegbert die Grundlagen des Metallhandwerks. Die Brüder hatten immer einen guten Ruf bei der Bevölkerung, da sie sich um die kümmerten, mit denen andere nichts zu tun haben wollten. So auch um Kinder und Erwachsene, die von der Sandmücke gebissen worden waren. Wegen mangelhafter hygienischer Verhältnisse in den engen Wohnquartieren in Kabul sind viele Familien eine leichte Beute der Mücken. Die Bisse führen zu Leishmaniose, einer üblen Infektionskrankheit, die hässliche Geschwüre hinterlässt. Gesichter werden dadurch oft entsetzlich entstellt.

Simone erfuhr nach und nach die Geschichte der Brüder, die von vielen Existenzkämpfen, von Höhen und Tiefen, von Gottvertrauen und sichtbarer Hilfe und Bewahrung handelte. Dass Bruder Siegbert, der sich mit aller Kraft für die Menschen in Afghanistan eingesetzt hatte, 2011 bei einer Bergwanderung zusammen mit seinem Begleiter ermordet wurde, war ein harter Schlag für die Brüder. Sie gaben aber die Arbeit in Kabul nicht auf. Es machte Simone nachdenklich, wie lang es brauchte, eine solche Arbeit aufzubauen. Wie viel Zeit würde ihr Sprachprojekt brauchen? Könnte sie so lange durchhalten wie die Brüder?[7] Das fragte sie sich oft.

Anfangszeit

Die Mutter, Anneliese Beck,
Erzieherin und Verbandsschwester
der Großheppacher Schwesternschaft.

Der Vater, Walter Beck, hält Simone im Arm, Christine rechts.

Die drei Schwestern
Magdalene, Christine,
Simone.

AFGHANI

Die Eltern mit
Christine und Simone.

Auf dem Schiff

Die Menschen warten geduldig, um an Bord die vielfältigen Angebote in Augenschein nehmen zu können.

Die Doulos ankert vor Cochin, Indien.

Die Doulos beherbergt die größte schwimmende Buchhandlung der Welt.

Afghanistan

Simone in Kabul. Im hohen Gebäude im Hintergrund ist die Sprachschule untergebracht, die sie einige Jahre leitete.

Blick auf Reste der Zitadelle und der alten Stadtmauer in Kabul.

Eine Straße mit Basar in Faizabad im Norden Afghanistans.

Typische Lehmhäuser mit Umfassungsmauer.

Gleichberechtigte, unverzichtbare Transportmittel.

Spracherkundung

Die langen, mühsamen Wege der Spracherkundung in den Hochtälern.

Trägt die Brücke
ans andere Ufer?

Ein Fuß vor den anderen am Oxus entlang.
Eine spezielle Leitplanke schützt die Wanderer.

Simone mit Daniela Beyer (rechts).

Simone bereitet die Technik für die Sprachaufnahmen vor.

Sie fühlt sich wohl im Kreis der Dorfbewohner.

Bei der Arbeit:
Vorsprechen.
Nachsprechen.
Zuhören.
Aufschreiben.

Beim Unterricht.

Von Dorf
zu Dorf.

»So weit die Füße tragen«, Simone (rechts).

Simone Beck unterwegs mit afghanischen Mitarbeitern.
Sie trägt einen Shalwar Kameez.

Leben und Wohnen im Hochtal

Anflug im Winter.

A F G H A N I

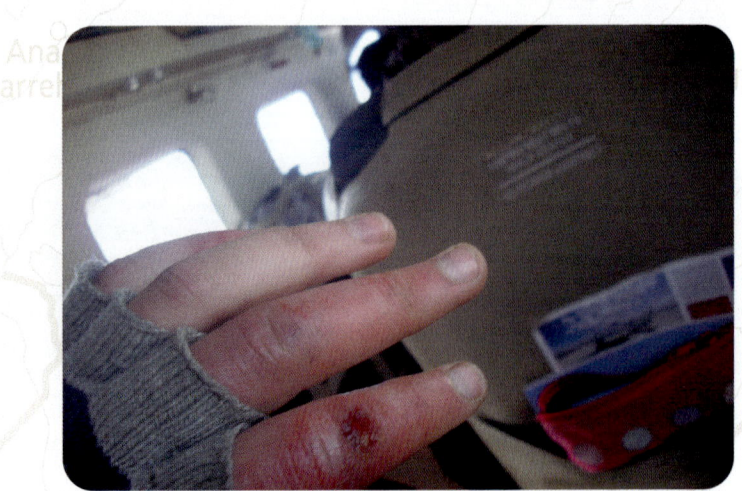

Frostbeulen sind inbegriffen.

Wie gut, dass es warme Quellen gibt. Hier eine eingefasste Quelle wie im „Badezimmer" des Teams.

Diese große Patchwork-Decke aus Jeans-Resten wurde an langen Abenden von Simone hergestellt.

PAKISTAN

Compound links, Büros rechts.

Die Verbindung zum Rest der Welt steht.

Simone sitzt
vor ihrer
Wohnung.

Wohnbereiche.

Simone erreichte die nächsten Gipfel nicht mehr.

Mit Freude und auch einer gewissen Genugtuung konnte Simone nach Hause berichten, dass die neue Sprachlernmethode gute Früchte trug. Leute, die aus aller Welt ins Land kamen, kaum jemand grüßen oder einkaufen konnten, waren nach einigen Monaten in der Lage, ihren Alltag zu meistern. Es kamen auch solche Personen in die Sprachschule, die es längst aufgegeben hatten, Dari zu lernen, nun aber wieder einen Neuanfang des Lernens wagten. Mit der Zeit stellten sich Erfolge ein, was ihnen die Freude am Lernen zurückbrachte.

Simone selbst wollte nun ihren Arbeitsplatz für einen Nachfolger räumen. Sie hinterließ neben vielen Materialien auch gut ausgebildete Lehrer, die inzwischen die Verantwortung für die Schule mittrugen und in vielen Bereichen selbstständig arbeiten konnten. Denn für Simone war nicht die Leitung der Sprachschule das Ziel ihrer Berufung nach Afghanistan, trotz aller Vorteile, die diese Arbeit für sie bedeutet hätte. Um Abstand zu gewinnen, kam der längere Urlaub in Deutschland gerade recht. Ihren Freunden schrieb sie kurz vorher:

Ich freue mich, wieder nach Deutschland zurückzukommen: Ich freue mich auf grüne Wälder, auf Wanderungen in der Natur, auf wild wachsende Blumen, darauf, im Straßenbild nicht aufzufallen, auf westliche Kleidung, auf dunkles Brot mit hartem Käse, auf verlässlichen Strom und fließend warmes Wasser. Doch am meisten freue ich mich darauf, Menschen wiederzusehen, die mir wichtig sind: Euch.

Am 22. März 2006 landete Simone in Frankfurt. Die Monate zwischen März und Dezember waren mit Terminen gefüllt, also wieder: Arbeit, Arbeit, Arbeit. Sie besuchte unter anderem eine Konferenz in der Schweiz, dann unterrichtete sie an ihrem früheren Linguistik-Seminar Grammatik und Phonetik. Dabei gab sie gute und praktisch erprobte Tipps weiter.

Es brauchte einige Zeit, bis sie wirklich auf die nötige Erholung umschalten konnte. Dazu unternahm sie kürzere und längere Wanderungen. Sie konnte gar nicht genug davon bekommen, überall, wo sie hinschaute, Grün zu sehen: vorne, hinten, rechts und links. Sie genoss den Wald, die begrünten Hügel und Berge, die fruchtbaren Wiesen und Täler der Schwäbischen Alb in vollen Zügen. Nach der langen Zeit in einem so trockenen Land war sie immer wieder begeistert von den Wanderungen, bei denen sie neue Kraft und neue Energie tanken, ihre Akkus wieder aufladen konnte. Das war dringend notwendig.

Von Oktober bis Dezember 2006 nahm Simone an einem Kurs für Spracherkundung teil. In Afghanistan gibt es noch dreißig bis vierzig Sprachen, die nur gesprochen werden. Linguisten erforschen, welche Sprache, welcher Dialekt von vielen gesprochen wird, welche Sprache aussterben wird. Daneben müssen Fragen und Bezüge zu den sozialen Bereichen einbezogen werden: Wie reden die Mütter mit ihren Kindern (*Mutter*sprache!), welche Sprache benutzen die Lehrer in der Schule? Was ist die Sprache des Herzens? In welcher Sprache können die Menschen erkennen: Gott spricht meine Sprache? Die Geduld von Simone wurde auf eine harte Probe gestellt. Wie ein Rennpferd in der Startbox, das unruhig mit den Hufen scharrt, bis es lospreschen kann, so stand Simone in den Startlöchern, um den ersehnten Lauf beginnen zu können: sich auf eine ungeschriebene Sprache zu spezialisieren, sie zu analysieren und dann an einer Bibelübersetzung zu arbeiten. *Manchmal habe ich den Eindruck, es dauert noch so unendlich lange, bis ich damit beginnen kann. Vielleicht bin ich sechzig, ehe es richtig losgeht.*

Ehe Simone am 20. Februar 2007 ihren Flieger bestieg, wurde sie wieder von ihrer Gemeinde in einem Gottesdienst verabschiedet. Sie hielt die Predigt über Nehemia 8,5-12. Da die Gottesdienste der Gemeinde aufgezeichnet werden, konnte ich mir ihre Predigt anhören. Ihr jüngster Neffe hatte mir einige Kassetten in die Hand gedrückt. Zum ersten Mal hörte ich ihre klare Stimme, ihre deutliche Aussprache. Das war für mich eine besondere Stunde mit Simone.

In ihrer Auslegung schildert sie die Wirkung von Gottes Wort an den Menschen, die es hören. Sie berichtet darin manches aus ihrer bisherigen Erfahrung in ihrem Einsatzland, aber auch von ihrem persönlichen Ringen um die Menschen dort:

Das Volk Gottes ist betroffen, als es das Wort Gottes hört. Die Zuhörer weinen und sind traurig darüber, dass sie es vergessen hatten ... Betroffenheit? Das ist ja eine angemessene Reaktion, auch für uns, denn Gottes Wort betrifft uns. Ich stehe auch in der Gefahr, nicht mehr betroffen zu sein. Ich mache den, der Himmel und Erde geschaffen hat, klein in meinem eigenen Denken und Verhalten. Wir haben uns an Gott gewöhnt. Wir leben oft so, als sei er eine berechenbare Größe in unserem Leben. Er hat oft seine erhabene Größe, seine Herrlichkeit und Majestät in unserem Leben und Denken eingebüßt. Wir haben uns auch an unsere eigene Unvollkommenheit gewöhnt. Doch es steht auch uns gut an, darüber betroffen zu sein. Diejenigen unter meinen moslemischen Freunden, die ihre Religion ernstnehmen, denen ist die Größe Gottes und ihre eigene Sündhaftigkeit oft mehr bewusst als mir selbst. ... Doch allerdings ist er für sie ein ferner Gott und ein unnahbarer Gott. ...

Mitten in der Betroffenheit ruft Esra das Volk zur Freude auf. Feiert, esst und trinkt! Bleibt nicht stehen bei der Betroffenheit! Auf echte Betroffenheit darf echte Freude folgen. Nicht weil Gott Abstriche von seiner Heiligkeit macht, sondern weil er vergibt. Vergebung, das wiederum ist für meine moslemischen Freunde ein Fremdwort, ja, das ist in ihren Augen Gotteslästerung. Kein Mensch kann ihrer Meinung nach Gott in die Karten schauen, kein Mensch kann Gottes Urteil vorher erkennen. Deshalb wissen sie nichts von Vergebung, deshalb gibt es kein Schuldbekenntnis. ...

Die Freude hat einen konkreten Ausdruck: »Esst das Fettige, trinkt das Süße«, sagt Esra. Also kein karges Mahl, sondern Fülle und Überfluss. Wir dürfen unserer Freude auch in Unbeschwertheit, in fröhlichem Lachen und Heiterkeit Ausdruck verleihen. Aber ich merke, dass auch bei mir die Freude oft zu kurz kommt. Die Atmosphäre in meinem moslemischen Land in Westasien, die kann manchmal bedrückend sein. Und die Schwierigkeiten des Lebens in einer fremden Kultur nehmen mich manchmal mehr in Beschlag als die Freude meines Lebens mit Gott. Oder nehme ich mich selbst und meine Arbeit zu wichtig?

Aber, was kann es eigentlich geben, was tief greifender ist als die Gewissheit: »Nichts kann mich trennen von dem heiligen Gott, der Himmel und Erde geschaffen hat«? Das soll mich, das soll uns wieder betroffen machen. Aber darüber kann ich mich, darüber können wir uns wieder neu freuen. ...

Auf eine Besonderheit weist Simone in der Auslegung noch hin, die wie eine Klammer Betroffenheit und Freude miteinander verbindet: Die Leviten übersetzten den Text für die Zuhörer aus dem Hebräischen ins Aramäische, ihre Muttersprache, und dann heißt es, »die Leute verstehen das Wort Gottes«. Ohne Übersetzung können sie das Wort nicht verstehen, nicht begreifen. Aus dieser Erkenntnis schöpfte Simone auch selbst wieder neuen Mut und sah darin die geistliche Grundlage für ihre linguistische Arbeit:

Darum war mir die Arbeit in der Sprachschule bis jetzt so wichtig, damit die Ausländer die Sprache lernen, nicht nur, damit sie sich ein Taxi bestellen und einkaufen können, sondern damit sie auch Beziehungen aufbauen können zu Kollegen und Freunden in ihrer Umgebung. Denn in einem islamischen Land kann man sich nicht an die Straße stellen und mithilfe eines Übersetzers das Evangelium verkündigen. Es ist verboten. Doch durch das vorbildliche Leben und das eine oder andere gute Wort, das man von Mensch zu Mensch weitersagen kann, können auch dort immer wieder – wie hier im Buch Esra – Verständnis und Freude bei den Menschen aufbrechen und wachsen.

11. AUFBRUCH IN DEN NORDEN

Ich will
alle meine Berge zum ebenen Wege machen,
und meine Pfade sollen gebahnt sein.

Siehe,
diese werden von ferne kommen,
und siehe,
jene vom Norden und diese vom Meer
und jene vom Lande Sinim.

Jauchzet, ihr Himmel;
freue dich, Erde!
Lobet, ihr Berge, mit Jauchzen!
Denn der Herr hat sein Volk getröstet und
erbarmt sich seiner Elenden.

Jesaja 49,11-13

Seit einiger Zeit war klar, dass Familie Mainland mit Simone in Faizabad ein neues Team bilden würde. Faizabad war eine kleine Provinzhauptstadt im Norden des Landes mit 30 000 bis 50 000 Einwohnern, je nachdem wie die Stadtgrenze gezogen wird. Geplant war, dass Jens an einem Projekt arbeiten sollte, das mit Wasserkraft Strom erzeugte. Mara hatte mit den beiden kleinen Töchtern genug zu tun, aber sie konnte ihren Mann trotzdem unterstützen. Simone bekam nun endlich die Möglichkeit, sich der Spracherkundung intensiv zu widmen.

Das landestypische Haus mit einem ummauerten Garten war schon einige Wochen vorher gefunden, renoviert und gemietet worden. Ein LKW mit Möbeln und Hausrat wurde vorausgeschickt. Das restliche Gepäck wurde im blauen Landcruiser verstaut. Simone und Familie Mainland nahmen ihre Plätze ein und los ging die Fahrt, neuen Aufgaben und Herausforderungen entgegen.

Die Fahrt auf der asphaltierten Straße war ein Erlebnis. Fruchtbare Landstriche vor den typisch rotbraunen Hügelketten säumten die Straße. Baumgruppen mit bunt leuchtendem Wacholder, der von ferne aussah wie Lärchen im Herbst, erfreuten nicht nur die Kinder. Irgendwann hörte die Asphaltierung auf, stattdessen Schotter, Sand, Staub und Schlaglöcher. Wegen der Gefahr, auf Landminen zu treten, durfte sich bei einer Pause niemand vom Straßenrand entfernen und einfach ins Gelände laufen. Gegen Abend des folgenden Tages kamen sie in Faizabad an und konnten im eigenen Haus übernachten.

Am nächsten Morgen nahmen sie das Gebäude genauer in Augenschein. Es hatte gemauerte Wände, war hell verputzt, auch die hölzernen Fensterrahmen waren aus hellem Holz, die dreiflügeligen Fenster ließen sich problemlos bedienen. Das Haus sah auf den ersten Blick richtig schön aus und reihte sich unauffällig an der Straßenfront in andere, ähnliche Häuser ein. Es hatte wie alle Häuser nur einen einzigen Zugang zum ganzen Gelände, ein breites Tor mit einem schönen schmiedeeisernen Gitter davor, das – wie üblich – ein Wachmann hütete. Er kaufte auch ein, pflegte den Garten, führte kleinere Reparaturen aus und passte auf das Haus auf, wenn seine Bewohner in Urlaub fuhren. Und er war dafür verantwortlich, dass im Haus alles den Sitten des Landes gemäß ablief!

Das Haus hatte zwei Stockwerke. Das Obergeschoss war durch eine Außentreppe erreichbar, die durch ein Geländer aus schön geflochtenen, türkisgrünen Seilen gesichert war. Die beiden Frauen gingen daran, das Gebäude wohnlich zu machen. Simone nahm die Wohnung im Erdgeschoss in Beschlag, Wohnzimmer-Küche, Arbeits-Schlafzimmer und Bad (natürlich kein Traum aus Keramikfliesen und Messing-Armaturen!). Zwischen den Räumen gab es keine Verbindungstüren. Der Lichtschalter fürs Bad befand sich im Schlafzimmer, der fürs Schlafzimmer war in der hintersten Ecke des Raumes platziert, also: Hindernislauf im Dunkeln. Da die einheimischen Maler grundsätzlich über alles strichen, was ihnen vor den Pinsel kam, waren die Schalter so verklebt, dass sie zunächst nicht gefunden und dann nicht betätigt werden konnten. Kein Problem. Es fand sich für alles eine Lösung.

Im Obergeschoss wohnte Familie Mainland mit ihren beiden Kindern. Als Erstes konstruierten sie in den Zimmern eine abgehängte Decke aus Stoff, die verhinderte, dass der Lehm vom Flachdach in die Zimmer rieselte. Nach zwei Tagen war alles an Ort und Stelle und einigermaßen gemütlich. Sie wohnten in sehr einfachen Verhältnissen, aber sie fühlten sich wohl. Normalerweise musste Wasser an einem zentralen Wasserhahn außerhalb des Hauses geholt werden, ihr Haus hatte jedoch den Luxus eines eigenen Wasseranschlusses im Garten. Der lieferte mindestens alle zwei Tage das begehrte Nass, das mit einem Schlauch in einen Tank auf dem Dach abgefüllt werden konnte. Es war gut schmeckendes Quellwasser, das aber trotzdem sicherheitshalber gefiltert wurde.

Die Straße vor dem Haus war nicht asphaltiert. Beim nächsten Regen wateten alle Anwohner knöcheltief im Schlamm. Im Hintergrund ragten schneebedeckte Berge in den Himmel und blickten unbewegt und stumm auf das Treiben der Menschen herab.

Im ländlichen Raum, so auch in Faizabad und Umgebung, wurde der Islam strenger gelebt als in der Hauptstadt. Männer und Frauen trugen traditionelle Kleidung, den *Shalwar Kameez*. Ein längeres Hemd, das über einer langen Hose, dem *Shalwar*, getragen wurde. Das Hemd, der *Kameez*, war meist in Hüfthöhe geschlitzt, um genügend Bewegungsfreiheit zu ermöglichen. Bei Männern war der *Kameez* einfarbig und mit Taschen versehen, während die Frauen ihn ohne Taschen, aber in verschiedenen Farben und Mustern trugen, oft verziert mit kunstvollen Stickereien. Hinzu kam bei den Frauen noch eine *Dupatta*, ein langer breiter Schal, der über Schulter, Hals und Kopf locker drapiert wurde. Die Männer trugen einen *Pakol*, eine wollene Mütze, ältere Männer meistens einen malerisch um den Kopf geschlungenen Turban. Manche Männer verlangten von ihren Frauen, dass sie auf der Straße die Burka trugen, die wie ein langes Zelt den ganzen Körper bedeckte; oft war sie mit einem vergitterten Sehfenster versehen, sodass die Frau zwar nach außen sehen konnte, selbst aber nicht gesehen wurde. Unter der Vollverschleierung wurde es für die Frauen in der Hitze des Sommers besonders heiß. Frauen sollten sich auch nicht unbegleitet in der Öffentlichkeit bewegen. Die Einhaltung der Vorschriften wurde kontrolliert und überwacht.

Ausländerinnen hatten einen gewissen Spielraum. Doch Mara und Simone trugen auf der Straße meist einen langen dunklen Rock und ein großes Tuch, den *Tschador*, mit dem sie im Gegensatz zu den einheimischen Frauen nur Kopf und Oberkörper bedeckten, nicht das Gesicht. Außerdem besorgte sich Simone einen reich verzierten blauen und einen weinroten *Kameez*, den sie hin und wieder zu ihrem *Shalwar*, trug.

Da Jens Mainland wusste, wie aus Wasserkraft Strom erzeugt werden konnte, war er ein angesehener Mann. Er wurde in seinem Büro oft von Männern aufgesucht, die seine Hilfe in Anspruch nahmen. Das war eine gute Basis dafür, dass auch die Frauen seines Hauses Kontakt zu den Nachbarinnen und zu anderen Familien aufnehmen und sie einladen konnten. Oder sie brachten selbst gebackene Kuchen oder Gebäck mit, wenn sie die Frauen besuchten. Chai und Milch standen schnell auf dem Tisch, und bald unterhielten sich die Frauen zwanglos miteinander. Das Misstrauen gegen die *Choretschi* nahm ab, Vertrauen wuchs. Mit der Zeit wurden sie sogar zu Hochzeiten und anderen Festen eingeladen, was nicht selbstverständlich war.

Simone frönte auch in Faizabad oft ihrem Hobby, viel und gern zu lesen. Dazu lag sie meistens auf dem Lehmdach des Hauses in der Sonne. Das Klima war auch im Winter mild.

In Faizabad waren deutsche Soldaten[8] stationiert. Im Feldlager der Bundeswehr gab es unter anderem ein Krankenhaus, eine Kirche, einen Bankautomaten und eine Post, die ans Deutsche Postsystem angeschlossen war. Das war überaus praktisch. So konnte sich Simone auf dem Postweg immer die Bücher schicken lassen, die sie lesen wollte. Meistens brachte der Militärpfarrer die Pakete vorbei.

Für das erste Jahr hatte sich Simone vorgenommen, vier bis fünf Sprachgruppen zu erforschen. Dafür musste sie Einheimische finden, die sie auf dem Weg in die abgelegenen Gebiete begleiteten, musste sie einstellen und ausbilden für den *Language Survey* – eine Spracherkundungsreise –, dazu das englische Material in die Landessprache übersetzen, Reiserouten planen, Kontakte knüpfen. Simone arbeitete wie üblich diszipliniert und strukturiert. Aber in der Tiefe ihres Herzens nagte etwas an ihr. Es war nicht nur die Größe der Aufgabe, der sie meistens allein gegenüberstand. Es waren die Anfechtungen und Zweifel, die sich immer wieder einstellten. In *Simones Nachrichten* schrieb sie im Februar 2007 dem Unterstützerkreis:

Das Versprechen in Jesaja 40,31 klingt gut, entspricht aber oft nicht der Alltagserfahrung – zumindest nicht meiner. Das Thema meiner theologischen Arbeit war Jesaja 40,12-31: Ich habe den Text gewählt, weil er mich in den vergangenen zwei Jahren sehr beschäftigt hat. Es fasziniert mich, wie Gott sich im Text als derjenige vorstellt, der so viel größer ist als seine Schöpfung, als die scheinbaren Götter, als alles andere, was existiert. Und gleichzeitig lässt er uns an seiner Größe und Kraft teilhaben. Doch zu fliegen wie ein Adler bedeutet eben nicht, die Anforderungen des Lebens mit Leichtigkeit zu bewältigen. Das habe ich deutlich gespürt, als ich so oft kraftlos war in meinem letzten halben Einsatzjahr. Sondern es bedeutet, einfach immer genug Kraft zu haben, um weiterzuleben in Gottes Gegenwart, um auf einem Weg zu gehen, der Gott gefällt, im Blick und Vertrauen auf ihn – mag er auch äußerlich von Kraftlosigkeit gekennzeichnet sein.

Simone kämpfte weiter, um dem Ziel, das sie vor Augen hatte, näherzukommen. Sie hielt daran fest, dass Gott sie auf diesen Weg geschickt hatte, obwohl er beschwerlicher geworden war, obwohl sie bei den verschiedenen Etappen auch immer viel Kraft verbraucht hatte.

In den Wintermonaten sind Reisen in die Bergtäler nicht möglich. Die Pässe sind geschlossen. Es wäre zu gefährlich, sie zu begehen. Die Zwangspause nutzte Simone, um die gewonnenen Erkenntnisse der bisherigen Spracherkundungen auszuwerten. Sie hörte die Tonaufnahmen ab, die sie gemacht hatte, und schrieb die auf diese Weise »eingefangenen« Wörter im Internationalen Phonetischen Alphabet in einer Tabelle auf. Zum Beispiel: Wie lautet das Wort »Kochtopf« im S-Dorf, im 1. R-Dorf, im 2. R-Dorf, im 3. R-Dorf, im M-Tal? Schon ein Blick auf die Listen vermittelt dem Leser, wie gründlich und sorgfältig gearbeitet werden musste, um brauchbare Ergebnisse zu erzielen. Dann berechnete Simone, wie hoch der Prozentsatz an gleichen oder ähnlichen Wörtern war. Denn wenn weniger als 70 % ähnlich sind, kann man davon ausgehen, dass es sich um unterschiedliche Sprachen handelt. Zum Vergleich: Deutsch und Englisch haben etwa 60 % ähnliche Wörter.

Im Januar 2008 unternahm Simone eine Reise nach Thailand. Dies bedeutete eine willkommene Abwechslung in der Arbeit an den endlosen Wortlisten, die so viel Konzentration, Ausdauer und Hirnschmalz erforderte. In Thailand trafen sich etwa achtzig Linguisten, die alle irgendwo in Asien oder Europa an Projekten der Spracherkundung arbeiteten. Für Simone waren diese Begegnungen mit Kollegen eine Fundgrube an Anregungen und neuen Ideen. Sie freute sich, zu sehen, dass sie in eine große Gemeinschaft eingebunden war. Viele Teilnehmer konnten auf einen großen Erfahrungsschatz zurückgreifen und teilten ihn gern mit den jüngeren Kollegen. Die Seminare gaben Simone neuen Schwung für ihre Arbeit.

Simone war besonders froh darüber, dass sie eine Kollegin für ihr Spracherkundungsprojekt gewonnen hatte. Daniela Beyer war inzwischen in Faizabad eingetroffen und im Erdgeschoss ins Wohnzimmer einquartiert worden. Zum Schwäbisch von Simone gesellte sich nun das Sächsisch der sprachbegabten Chemnitzerin, der das Studium unerforschter Sprachen auch sehr am Herzen lag. Sie war 2007 nach Kabul gekommen und hatte Dari gelernt. Daniela war nicht der analytische Typ wie Simone, sie erfasste die Sprache mehr intuitiv. Die beiden ergänzten sich zwar, mussten aber auch die Reibungen ertragen, die sich aus den verschiedenen Herangehensweisen an die Sprache und das praktische Leben ergaben. Auf jeden Fall konnten sie nun die Reisen in fremde Sprachgebiete gemeinsam planen, die Wortlisten miteinander erstellen und Fragen, die bei der Auswertung der Ergebnisse auftraten, zusammen diskutieren.

Das multikulturelle Schwaben-Sachsenteam plante für September 2008 eine drei- bis vierwöchige Spracherkundungsreise. Dazu brauchten sie aber unbedingt noch eine männliche Begleitung. Die stellte sich bald ein in Gestalt von Michael Bucher, der sich mit Frau Renate der Gruppe anschloss. Das deutsche Ehepaar verstärkte wieder die Schwabenseite des Teams. Der *Language Survey* wurde zwar gut geplant, aber allen war klar, dass es immer wieder unvorhergesehene Ereignisse geben konnte, die die Reise verzögerten oder sogar gefährlich machten.

Morgens um vier hupte der Fahrer des gemieteten Autos auf der Straße vor dem Haus. Michael und Renate saßen schon drin. Simone und Daniela warfen ihre Rucksäcke in den Kofferraum, sprangen auf die Rückbank des verbeulten Taxis, wünschten allerseits einen Guten Morgen, und der Afghane brauste davon. Irgendwann hörte die asphaltierte Straße mitten im Niemandsland auf, die Schotterpiste begann. Als auch diese endete, wurde die Gruppe schon von ihrem afghanischen Führer erwartet, der einen Esel an einem Seil hielt. Die Rucksäcke, Trinkwasserflaschen und sonstiges Gepäck wurden dem geduldigen Tier aufgeladen. Dann ging es auf Schusters Rappen einen Fußweg entlang.

Eine grandiose Landschaft tat sich vor ihnen auf, die sich ständig veränderte. Nach Westen hin erhoben sich die Vier- und Fünftausender mit ihren spitzen weißen Schneekappen. Sie wanderten nach Norden. Drei Pässe in über 3 000 m Höhe lagen auf dem ersten großen Routenabschnitt vor ihnen. In einem Dorf legten sie eine kurze Rast ein. Die Bewohner versorgten sie mit Schwarztee, Brot und Maulbeeren – wie es die Gastfreundschaft verlangte. Dann ging es weiter. Der schmale Fußpfad führte an gigantischen Felsen entlang, wurde immer steiler, immer beschwerlicher. Doch irgendwann gelangten sie zur ersten Passhöhe, dem *Kotal e Gulzari* (Gulzari-Pass).

»Schaut mal, was der Führer mit seinem Esel macht!«, rief Renate. Der Afghane hatte seine eigene Esel-Bremse. Er stützte sich mit einer Hand am Boden ab und zog mit der anderen das Tier am Schwanz, sodass es den steilen Abhang nicht hinunterrutschte oder Hals über Kopf hinunterstürzte. Das bedurfte einer enormen Kraftanstrengung. Aber Mann und Tier kamen wohlbehalten in der Senke an.

Nach dem Abstieg kehrten sie im ersten Dorf, das auf dem Weg lag, ein. Es ging schon auf den Abend zu. Begleitet von neugierig dreinschauenden Kindern und Erwachsenen, für die ein Besuch von Ausländern höchst selten und darum eine willkommene Abwechslung war, suchten sie den Dorfchef auf. Sie erklärten ihm den Grund ihres Besuches und erbaten seine Einwilligung, am nächsten Tag mit einigen Dorfbewohnern Sprach-Interviews machen zu dürfen. Außerdem fragten sie ihn nach einer Übernachtungsmöglichkeit. Grundsätzlich werden Gäste in so abgelegenen Regionen wenigstens eine Nacht beherbergt und versorgt. Der Chef dieses Dorfes war den Wanderern freundlich gesonnen und führte sie in sein Haus. Dort konnten sie sich in einem größeren Raum einquartieren. Auch für das Sprachprojekt erteilte der Dorfchef seine Einwilligung.

Einige Frauen brachten den Gästen ein paar selbst gemachte Nudeln, vermutlich der Rest ihrer eigenen kargen Mahlzeit. Die vier müden Bergsteiger stellten sich auf unangenehme Schlafstörungen durch knurrende Mägen ein. Doch plötzlich wurde es laut vor ihrem Zimmer. Lachende Frauen schleppten für die überraschten Wanderer Berge von Reis herbei, dazu Fleisch, gewürzte Soßen und frisch gebackenes Fladenbrot.

»Wie haben die Frauen denn *Qobile Palau* zubereiten können?« fragte Renate verblüfft. »Es gibt doch weit und breit nichts zu kaufen!«

»Mir scheint, die Männer haben sogar extra einige Hühner geschlachtet«, sagte Michael.

»Ja, das habe ich bei meinen anderen *Surveys* auch erlebt«, warf Simone ein. »Die Dorfbewohner geben das Beste und Letzte her, weil die Gastfreundschaft in diesen Dörfern ein hohes Gut ist.«

»Das ist irgendwie beschämend«, meinte Michael. »Wir müssen ihnen unsere Dankbarkeit deutlich zeigen.«

»Ja, aber wir dürfen sie nicht beleidigen, und das ist gar nicht so einfach«, meinte Daniela.

»Ich habe für solche Fälle Umschläge mit etwa 40 Dollar vorbereitet. Davon gebe ich am Schluss dem Dorfchef einen. Dann können die Bewohner ihre Vorräte wieder auffüllen, wenn sie mal wieder auf den Markt gehen«, sagte Simone und hielt einen Umschlag in die Höhe. Damit waren alle einverstanden und waren froh, dass Simone vorgesorgt hatte. Sie aßen dankbar und mit großem Appetit. Dabei wurden sie von allen Seiten beobachtet. Es könnte ja sein, dass Ausländer anders essen, als es in ihrem Dorf üblich ist. Doch ihre Gäste waren nicht nur afghanisch gekleidet, sie konnten auch mit den Fingern essen, wie sich das gehörte.

Die Frage nach einer Toilette wurde mit einem stummen Fingerzeig auf eine bestimmte Wiese beantwortet. Eine Latrine oder ein Badehaus gab es hier nicht. Während die Frauen in Richtung Wiese gingen, zog Michael sein Satellitentelefon aus dem Rucksack, um sich zu melden. Es war aus Sicherheitsgründen notwendig, dass jede Gruppe oder auch einzelne Personen, die zu einer NGO gehörten, sich nach einem bestimmten System und zu einer festgesetzten Uhrzeit meldeten. Dabei wurde der Standort durchgegeben, wenn nötig Hilfe angefordert, oder es wurden besondere Ereignisse berichtet.

Als sich die ermüdeten Bergsteiger in voller Montur zum Schlafen auf die *Toshaks* legten – das sind schmale Matratzen, zum Teil mit Kissen –, wurden dicke Wolldecken gebracht, mit denen die Gäste fürsorglich zugedeckt wurden. Einige junge Frauen blieben noch, plapperten miteinander und beobachteten alles, was die

Fremden taten. Lagen sie bequem auf den Kissen und den dicken Teppichen? Fehlte ihnen noch etwas? Legten sie den Kopf zum Schlafen in die Armbeuge oder nicht? Erst als die müden Wanderer ihre Augendeckel endgültig zuklappten und keine Antwort mehr gaben, schlichen die Frauen leise kichernd hinaus.

Eine große Überraschung erwartete die Gruppe am nächsten Morgen. Frauen brachten Töpfe mit Wasser, das sie extra für ihre Gäste erwärmt hatten, damit sie sich waschen konnten. Dann wurde auf einem Teppich ein Tuch ausgebreitet und das Frühstück darauf angerichtet. Es gab den landestypischen *shir chai*, ein gesalzener schwarzer Tee mit Milch und Walnüssen, dazu frisch gebackenes Fladenbrot aus grob gemahlenem Korn, was überaus nahrhaft war und herrlich duftete. Dermaßen gestärkt machten sich die vier Linguisten an ihre geplante Arbeit: Sie spielten einzelnen Bewohnern kurze Sätze oder Geschichten in der Landessprache vor, fragten, was ihr Gegenüber davon verstand, nahmen neue Wörter auf, erstellten Wortlisten.

Bevor sie weiterreisten, hatte der Dorfchef auf ihre Bitte hin einen neuen verlässlichen Führer samt Esel organisiert. Um den Preis für ein solches Lasttier feilschte meistens Simone. Doch auch sie musste irgendwann einsehen, dass sie die schlechteren Karten hatte, denn den Esel brauchten sie unbedingt. Also wechselte ein guter Preis den Besitzer. Der war der armen Gemeinschaft, die kaum über Geldmittel verfügte, zu gönnen.

»Wann kommt ihr wieder zurück?«, fragten einige Männer beim Abschied.

»Wir wollen bis nach Kalai Kuf. Dort erwartet uns dann ein Auto«, sagte Michael.

Alle lachten.

»Was ist daran so lustig?«, wollte Michael wissen.

»Das schafft ihr nie! So weit könnt ihr niemals laufen, ihr seid das nicht gewohnt! Der Weg ist lang, gefährlich und anstrengend.«

»Doch, wir wollen die 35 Kilometer zu Fuß gehen, damit wir die Bewohner in diesen abgelegenen Gegenden nach ihrer Sprache und ihren Dialekten befragen können«, sagte Daniela und lächelte die Bewohner freundlich an.

So oder ähnlich liefen die Begegnungen in den Dörfern ab. Manche nahmen die Sprachforscher herzlich auf und waren über den Besuch froh, andere waren misstrauisch und verschlossen. Doch überall wurde ihnen das Gastrecht gewährt. In vielen Bergdörfern konnten sie ungehindert ihrer linguistischen Arbeit nachgehen.

Nachdem sie die drei Pässe überwunden hatten, führte sie der schmale Fußpfad oft abenteuerlich nah am Grenzfluss des Nordens, dem Amu Darya, entlang. Europäern ist er besser bekannt als Oxus. Ein gewaltiger, breiter Strom, dessen legendäre Überquerung mit einem großen Heer, mit Pferden und Wagen in die Geschichte eingegangen ist. Dieses Kunststück gelang einst dem Makedonen Alexander dem Großen auf seinem Eroberungszug nach Indien 329 v. Chr.

Während auf der einen Seite des engen Pfades der Amu Darya schäumte und gurgelte, verhinderten auf der anderen Seite schroffe Felswände, die bis zum Pfad reichten, jedes Ausweichen. Die Wanderer mussten sehr vorsichtig über die glitschigen oder ausgewaschenen Steine gehen, wobei sich der Esel mit seinen vier dünnen Beinen stoisch, aber mit artistischer Eleganz bewegte. Er strauchelte nie. Manchmal gab es auch Stellen, an denen auf der Flussseite eine Art Leitplanken aus Zweigen angebracht waren. An manchen Stellen musste die Gruppe durch einen Seitenarm des

Flusses waten oder über beängstigend wacklige Brücken in hohen Felsschluchten gehen. Doch auch wenn sich Angstschweiß auf der Stirn bildete, sie folgten dem Führer und seinem Esel, der sich nach den Reisenden nicht einmal umdrehte.

Auf der Strecke ganz im Norden schimmerte am gegenüberliegenden Ufer die asphaltierte breite Straße von Tadschikistan als helles Band in der Sonne. Die Straße war einst für den Einmarsch der sowjetischen Truppen asphaltiert worden. Für die Afghanen war sie ein ständiger Grund zur Klage, besonders Ausländern gegenüber, von denen sie Hilfe erhofften: »Wenn wir doch auch so eine Straße hätten, dann …« Eine einzige Brücke führte hinüber zu einem großen Markt. Der Weg dorthin war weit. In der Grenzstadt konnten die Bergbewohner einkaufen, durften aber die Grenzen des Marktes nicht verlassen, sie hätten sonst ein Visum benötigt.

Unterwegs kam die Gruppe an einer Klinik vorbei. Der Arzt schilderte ihnen die Nöte der Bewohner, deren Dörfer so weit verstreut in den Hochtälern lagen. Wenn es zu einem Notfall kam, bei einer Geburt, bei einer schweren Infektion, bei Stürzen, Brüchen oder lebensgefährlichen Verletzungen, besonders auch von Kindern, dann war der Weg in die Klinik weit und mühselig. Entweder wurde der Kranke auf einer provisorischen Trage transportiert oder auf einem Esel. Dabei wünschte man ihm wegen der Schmerzen eine baldige gnädige Bewusstlosigkeit. Meistens kamen die Helfer mit dem Patienten zu spät in der Klinik an. Es gab natürlich auch keine Apotheken weit und breit. Deshalb waren Schmerzmittel oder Hustensaft, Verbandsmaterial oder Desinfektionsmittel schwer zu beschaffen. Doch bei den politischen Wirren im Land bestand auf lange Zeit hinaus keine Hoffnung auf eine Verbesserung der Situation.

Obwohl das Wasser aus den Bergen kristallklar war, tranken die vier kein ungefiltertes Wasser, ihr mobiles Filtergerät bewährte sich. In dem großen, abgelegenen Gebiet war dies eine unerlässliche Vorsichtsmaßnahme. Trotzdem erkrankte Renate, was sie bei dem anstrengenden Marsch, der achtzehn Tage dauerte, sehr schwächte.

Als dann Kulai Kuf am Horizont auftauchte, stand der bestellte Mietwagen tatsächlich bereit, und der Fahrer erwartete sie. Er nickte anerkennend. Eine solche Ausländergruppe war ihm noch nicht begegnet, die die Strecke wirklich abgelaufen war. Sie ließen sich auf die Sitze fallen, froh und erleichtert, wenn auch ziemlich müde und abgekämpft, mit Blasen an den Füßen, Schmerzen in den Muskeln und einigen Kilo Körpergewicht weniger. In Faizabad stiegen Simone und Daniela – sie schloss sich bald einem medizinischen Team an – aus. Das deutsche Ehepaar fuhr weiter bis Kabul.

Der lange *Language Survey* war überaus anstrengend gewesen. Erst als die Anspannung von Simone abfiel, spürte sie, wie kräftezehrend er tatsächlich gewesen war. Sie wurde sehr krank und brauchte lange, um sich davon wieder zu erholen. Mara kümmerte sich rührend um sie, auch die Kinder klopften bei ihr an, um sie aufzumuntern, mit ihr zu spielen oder sich von ihr vorlesen zu lassen. Nach der körperlichen Kraftanstrengung und der ständigen Bewegung plötzlich wieder in das Geviert des Gartens eingesperrt zu sein und nicht draußen längere Zeit laufen zu können, belastete Simone zusätzlich stark.

»Simone, ich weiß, was wir machen: Wir schicken unseren Wachmann einkaufen.«

»Mara, das macht er doch immer.«

»Ja, aber ich habe ihm einen sehr komplizierten Einkaufszettel aufgeschrieben, da muss er weit laufen, wird hier und da ein Schwätzchen halten und ist lange unterwegs.«

»Ich kapier nicht, was du damit bezweckst?«

»Du bist heute wirklich begriffsstutzig, das passt gar nicht zu dir. Der Mann ist lange weg, und wir können ungestört im Garten herumrennen, bis uns die Zunge aus dem Hals hängt und wir keine Luft mehr kriegen! Und er wird uns nicht darauf hinweisen, wie unschicklich das für Frauen ist!«

Das war eine geniale Idee! So machten sie es, und zwar immer wieder. Der Wachmann ließ sich ahnungslos austricksen und schöpfte keinen Verdacht. Die Frauen konnten, angefeuert von den Kindern, ihre wohltuenden Jogging-Runden drehen. Simone gewann wieder Kraft, ging mit Mut und neuem Schwung an ihre Arbeit und wertete die Erkenntnisse der Spracherkundung aus.

»Sag mal, Simone, wie sieht es denn in deinem Wohnzimmer aus? In Krimis pinnen die Kommissare auch immer solche Zettel und Notizen an die Wand, um einen Fall zu lösen.«

»Ja, und was ist Spracherforschung anderes als Detektivarbeit?«, konterte Simone.

»Das stimmt in gewisser Weise«, gab ihr Mara recht.

»Während ihr in Kabul eure Besorgungen gemacht habt, habe ich hier diese Sisyphusarbeit in Angriff genommen. Ich habe einfach einen größeren zusammenhängenden Überblick gebraucht.«

Mara lachte. »Ja, das ist ein gutes Wort. Hier hängt wahrlich der Überblick an den Wänden!«

»Fällt dir etwas auf, wenn du meine ›Wandzeitung‹ liest?«, fragte Simone gespannt.

Mara sank in ein Bodenkissen und schaute sich alles gründlich an. Sie ließ sich Zeit. Die Wände waren mit vielen Wortlisten in verschiedenen Längen und Farben tapeziert. Über den einzelnen Reihen stand immer der Name der Volksgruppe, aus denen die Wörter stammten. Nach einer Weile meinte Mara:

»Es sieht so aus, als ob das Tal, in dem die *Khiva* leben, am besten geeignet sein könnte für deine linguistische Weiterarbeit.«

Simone strahlte. »Das ist auch meine Meinung. Es handelt sich um eine echte Minderheitensprache. Sie wird von den Kindern und Eltern gesprochen und ist nicht mit Dari vermischt. Schon damals, als ich für drei Wochen dort war, empfand ich gleich eine große Liebe für die Menschen und für das Tal. Aber ich wollte ganz sicher sein und nichts überstürzen.«

»Das ist auch gut so«, pflichtete ihr Mara bei. »Es wäre ja schlimm, wenn du jahrelang an der Sprache arbeitest und dann stellt sich heraus, dass es diese Sprache bald nicht mehr geben wird. Du hast damals erzählt, dass die Menschen in einem 3 000 Meter hoch gelegenen Flusstal leben.«

»Ja, es ist ein karges Leben inmitten einer faszinierend schönen Landschaft. Es wird sich zeigen, ob ich das dann auch noch so empfinde, wenn ich richtig in diesem Hochtal lebe, und ob ich den Herausforderungen, die das Leben unter den *Khiva* mit sich bringen wird, gewachsen bin.«

»Das ist eine weitreichende Entscheidung. Unterschätze die Einsamkeit und Abgeschiedenheit nicht, die damit verbunden sind. Ich könnte das nicht lange aushalten.«

Ganz einsam würde Simone in dem Hochtal allerdings nicht sein. Ralf und Beate Börendorfer, ein deutsches Ehepaar mit zwei kleinen Kindern, das ebenfalls in Faizabad lebte, war von Simone in Dari unterrichtet worden. Als sie den beiden zum Abschluss ihre Zertifikate überreichte, fragten sie Simone, ob sie mit ihnen ins *Khiva*-Tal gehen würde. Simone kannte den englischen Arzt, der dort fünf Jahre zuvor die medizinische Arbeit begonnen hatte. Nun wollte er nach England zurückkehren und suchte deshalb jemand für die medizinische Arbeit im Hochtal. Beate Börendorfer war Ärztin und war bereit, die begonnene Arbeit weiterzuführen. Ihr Mann, von Beruf Apotheker, hatte in den letzten Jahren viel über Wasserkraftanlagen gelernt. Diese Kenntnisse konnte er in dem Tal gut einsetzen. Eine holländische Ärztin und John aus England mit seiner Familie würden das Team vervollständigen. Das unerwartete Angebot, mitzukommen und mit der gründlichen Erforschung der *Khiva*-Sprache zu beginnen, war eine große Überraschung für Simone. Zu Mara sagte sie nach einiger Zeit: »Ich denke schon, dass dies der Ort für mich ist, wohin Gott mich senden will. Du siehst ja, dass ich wirklich gründlich und sorgfältig alle Möglichkeiten bedacht und dokumentiert habe. Natürlich wäre ich glücklich, wenn noch eine Linguistin mitkäme. Gott weiß, was sich noch alles entwickeln wird.«

كابل

12. IM TAL
DER BERUFUNG

Und ich hörte die Stimme des Herrn,
wie er sprach:
Wen soll ich senden?
Wer will unser Bote sein?
Ich aber sprach:
Hier bin ich, sende mich!

Jesaja 6,8

Sie quetschten sich in den Fünf-Sitzer. Simone nahm immer eines
der Kinder auf den Schoß, erzählte Geschichten oder sang Kin-
derreime mit ihnen. Das war besonders lustig, wenn der Fahrer
einem Schlagloch nicht mehr ausweichen konnte. Dann flogen
ihre Köpfe bis an die Decke, und ihr Gesang ähnelte einer krei-
schenden Bremse. Für die Kinder ein einziger Spaß. Die Fahrt ging
über Schotterpisten und durch Flüsse, Hänge hinauf und hinunter.
Manchmal musste die ganze Gesellschaft aussteigen, damit der
Wagen die Steigung nehmen konnte. Das war eine Wohltat für die

eingeklemmten Beine. Von der kleinen Provinzhauptstadt bis zum Eingang ins *Khiva*-Tal waren sie einen ganzen langen Tag unterwegs.

Simone bat Ralf anzuhalten. Sie stieg schnell aus, um Fotos zu machen. Im Vordergrund lagen große, fast weiße Steinbrocken im frischen Gras. Für gelbe Farbtupfer sorgten viele kleine Blumen, dazwischen blühte roter Klee, und sogar einige wilde Tulpen streckten ihre Blütenkelche der Sonne entgegen. Dahinter begann das Tal, hineingeschnitten zwischen Berghänge, die ohne Vegetation, von Geröllhalden bedeckt, rechts und links den Eingang ins Tal zu bewachen schienen. Hinter dem Tal standen höhere Berge, die wie abgebrochene Zahnreihen in den Himmel ragten und schon etwas mit Schnee bedeckt waren. Im Hintergrund stand, wie ein unüberwindlicher Riegel, ein spitz zulaufender gewaltiger Bergkegel, der ganz weiß von Schnee war. Er hatte sich noch ein keckes Hütchen aus Wolken und Dunst aufgesetzt. Als Simone auf die Steinbrocken im Vordergrund blickte, fragte sie sich unwillkürlich: Wie viele Brocken werden uns den Weg versperren zu den Menschen, zu denen wir uns aufgemacht haben?

Inzwischen waren alle ausgestiegen und bewunderten das gewaltige Panorama, das sich ihnen bot. Simone fiel spontan zu dem grandiosen Anblick ein Psalmwort ein: *Ich hebe meine Augen auf zu den Bergen. Woher kommt mir Hilfe? Meine Hilfe kommt vom Herrn, der Himmel und Erde gemacht hat* (Psalm 121,1-2).

Die Gruppe konnte nicht lange verweilen. Ralf mahnte zur Eile, weil sie noch eine Unterkunft für die Nacht suchen mussten. Diese Möglichkeit fand sich glücklicherweise bald. Einigermaßen ausgeruht konnten sie einen weiteren Tag über entsprechende Wege fahren, bis sie endlich das Ziel ihrer Reise, ihr *Khiva*-Dorf, erreicht hatten.

Es war Ostersonntag, der 12. April 2009.

Der Fluss war immer zu hören. Er hatte ja auch viel zu erzählen. Er musste sich von Felsen herabstürzen und durch enge Schluchten schlängeln. Im Winter erstarrte er und hing in dicken Bahnen an den Felswänden wie gefrorene Milch. Wenn die Sonne ihn wieder in einen Fluss verwandelte, brachte er ins Tal immer etwas mit: Baumstämme und Gestrüpp, aber auch Sand und Erde und Samen. Dort, wo er seine Geschenke liegen ließ, wuchs Gras, das angeschwemmte Land wurde grün und fruchtbar. Eine kleine Siedlung konnte entstehen. So war auch das Dorf entstanden, in dem das Team ein Haus, das eigentlich aus drei Häusern bestand, gemietet hatte. Es war ein kleiner Compound mit drei Eingängen. Nach der Besichtigung war allen klar: *Das Haus braucht dringend ein Upgrade*, wie Simone an ihre Neffen Jonas, Niklas und Lukas schrieb. Außerdem schickte sie ihnen Fotos vom Urzustand der zukünftigen Unterkunft und schrieb dazu: *Als wir hier angekommen sind, da war in unserem Haus erst mal ein ganz großes Durcheinander. Und ganz dreckig war's auch noch. Da haben wir erst mal alles aussortiert, was nicht hineingehörte, und geputzt, was das Zeug hielt. Dabei sind wir selbst ganz dreckig und staubig geworden.*

Unterstützt von zwei einheimischen Helfern, die aus Kabul gekommen waren, war das Team einige Wochen damit beschäftigt, das Haus bezugsfertig zu machen. Die Böden wurden zementiert, eine ordentliche Latrine gebaut, die etwas abseits in einem kleinen Steinhaus untergebracht wurde. Das war kein WC mit automatischer Klobrillenreinigung, aber es war erfrischend, da man sich immer aus dem Haus dorthin aufmachen musste.

Es gab einen größeren Wohnraum, in dem sich das ganze Team treffen konnte, manchmal bis zu dreizehn Personen. Außerdem eine Gemeinschaftsküche, in der jeder mal Küchendienst hatte, wobei Simone immer sehr gesund und sparsam kochte, so die einhellige Meinung des Teams. Einmal war eine Praktikantin mit Küchendienst dran. Sie hatte gerade ihr Abitur gemacht und wenig Erfahrung, für eine größere Gruppe zu kochen. Als ihr Essen fertig war, kam sie ziemlich zerknirscht zu Simone und sagte: »Das Essen ist mir nicht gelungen. Was soll ich denn machen?« Da meinte Simone: »Mach dir keine Gedanken, Rebecca. Alles, was da drin ist, ist essbar!« Es wurde alles aufgegessen, vielleicht etwas langsamer und stiller als sonst. Für die Wasserversorgung in der Küche hatten die Männer ein eigenes System entwickelt und gebaut. Zur Küche gehörte ein Vorratsraum, denn Vorräte mussten besonders für die Winterzeit genügend angelegt werden, es gab ja keine Kaufläden in der Gegend. Manches konnte man bestellen und sich liefern lassen, manches direkt von fliegenden Händlern kaufen, die hin und wieder ins Dorf kamen.

Ralf kümmerte sich besonders um ein modernes Stromsystem, gespeist von Sonne und Wind. Der erzeugte Strom wurde in Autobatterien gespeichert, und so gab es abends Strom fürs Internet, bis die Batterien leer waren. Im Winter war die Stromversorgung manchmal kritisch. Die Batterien lieferten zwölf Volt und konnten mit einem kleinen Transformator an einen Laptop angeschlossen werden, um den Akku aufzuladen. Es war das unentbehrliche Gerät für die Arbeit und die wichtige Verbindung über das Internet zur Außenwelt. Internet hatte das Team über eine Satellitenschüssel vor dem Haus. Als einmal das Internet ausfiel, brauchte es drei Tage, bis die Männer herausfanden, woran es lag: Eine Kuh hatte sich an der Satellitenschüssel gekratzt und dabei deren Ausrichtung verändert. Ein Zaun um die Schüssel hielt fortan die Kühe fern. Weil das Internet sehr viel Strom brauchte, wurde es nur morgens ganz kurz und abends so lange, bis der Strom aus war, eingeschaltet. In dieser Zeit verschickten alle schnell ihre E-Mails, die sie tagsüber geschrieben hatten.

In Simones Zimmer stand ein einfaches, 30 bis 40 cm hohes hölzernes Gestell mit einem »Lattenrost« Marke Hochtal, Matratze, Decke und Schlafsack drauf – fertig war das Schlafzimmer. Daneben zwei kleine hölzerne Boxen, die nach vorne offen waren und Utensilien für Tee und Kaffee enthielten. Auf einem Ring über einer Propangasflasche fand ein Teekessel Platz, dahinter ein schmales hohes Wandregal mit einem Vorhang davor. Daneben ragte aus der Wand ein Wasserhahn, an dem ein Schlauch befestigt war, der bis in einen Eimer reichte – fertig war das Wohnzimmer mit Einbauküche. Vom Fenster aus konnte Simone hinter den kahlen Hügeln direkt auf die grandiose Bergwelt, in den blauen Himmel und auf Steine schauen, so weit das Auge reichte. Eine Schnur war über dem Fenster angebracht. Sie hing durch, weil der dunkelrote, schön gemusterte Vorhang zu schwer für die »Gardinenstange« war. Unter dem Fenster stand ein niedriger Tisch auf einem Teppich, der das Zimmer ganz ausfüllte. Ihren Laptop stellte Simone auf der Stirnseite des Tisches auf, Wasserflasche und Teekanne dahinter, dann war noch genügend Platz für verschiedene Papierstapel – fertig war auch das Homeoffice. Die üblichen Sitzkissen lehnten ringsum an der Wand und vor dem Tisch auf dem Boden. Eine schmale Tür führte zu einer kleinen Küche mit Waschgelegenheit und fließend kaltem Wasser.

Alles in allem gab es viel zu tun, und es brauchte viele kreative Lösungen, um in das Haus einziehen zu können. Wer zu Besuch kam, musste sich hüten, dabei an deutsche Häuser zu denken. So waren die Stützbalken der Veranda zwar nicht gerade, aber gerade richtig für ihre Aufgabe, das Dach zu stützen. Auf Simones Hausseite wurden die Fensterrahmen mit sattem Grün gestrichen, die Haustür dunkelrot. Davor lagen viele Steine, sie deuteten eine Mauer an, die das Gelände umfriedete. Die seitlichen Begrenzungen des Weges zu den Wohnungen bildeten ebenfalls Steine. Die Dächer der Häuser waren übliche flache Lehmdächer. Gemessen an den Behausungen der meisten *Khiva* waren die Wohnungen der Ausländer schön, fast luxuriös.

Eine herrliche landschaftliche Kulisse umrahmte bei klarem Wetter die dörfliche Idylle: blauer Himmel, schneebedeckte Berge bis zu einer Höhe von 6500 m. Die Hauptstraße war eine graue Schotterpiste, die am Fluss entlangführte. Hätte es dort Straßenschilder gegeben, dann hätte »Seidenstraße« draufstehen müssen – die Seidenstraße, auf der schon Marco Polo ostwärts gewandert war.

Im Garten vor dem Haus suchten Ziegen, Esel und manchmal auch Kälber nach den ersten frischen Grashalmen. Manchmal war auch ein Yak auf einer Weide angepflockt. Yaks sind wertvolle Reit- und Nutztiere, die die Kälte in diesen Tälern mit bis zu minus 30 Grad Celsius problemlos ertragen können. Die Tiere dreschen das Korn, tragen schwere Lasten, liefern Milch, Fleisch, Haare und Wolle. Ihr Kot, den meistens die Kinder und Frauen sammeln, dient getrocknet als Brennmaterial. Im Compound wurden die Öfen mit Dieselöl geheizt – sie gewannen aber nicht immer den Kampf gegen die Kälte.

Bei schönem Wetter trafen sich die Teams manches Mal zu einem Picknick im Freien: eine Decke auf den Boden, Teller reihum darauf, das Essen in die Mitte. Alle setzten sich drum herum auf den Boden und langten zu, die Kinder lagen meist bäuchlings vor ihren Tellern. Man kann sich vorstellen, dass die Kinder in solch einer gemütlichen Runde manchmal baten: »Simone, bitte erzähle uns eine Geschichte!« Und dann erzählte sie die eine oder andere Geschichte, die sie bei ihren *Surveys* gehört hatte, zum Beispiel die Geschichte von den »segensreichen Steinen«. Geschichten sind in Afghanistan überaus wichtig, und die Erzählweise wechselt dabei immer zwischen den Zeitformen hin und her, so auch hier:

»Es war, es war nicht, es war einmal ein König in Afghanistan. Sein Palast steht im schönen Herat. Dort blühen die Mandel- und Aprikosenbäume im Frühling, und die Granatapfelbäume haben so viele Blüten, dass es tausend Blüten in den Gärten regnet, wenn der Wind weht. Die Leute von Herat leben gut von Quitten, Trauben und Käse in Fülle. Und um die Stadt herum wachsen Weizen- und Gerstenfelder. Auch dem König fehlt es an nichts. Doch ihn wurmte es, dass er viel regierte, aber in seinen Schatztruhen viel weniger Schätze hatte als andere Könige. Seine Untertanen zahlen keine Steuern wie andere Untertanen. Besonders die Leute, die in den hohen Bergtälern wohnen, kennen weder Steuern noch ihren schwer regierenden König. Er beschloss, dies ein für alle Mal zu ändern. Er schickt Beamte in diese Gegenden, heftet ein königliches Abzeichen an ihren *Pakol*, gibt ihnen ein Papier mit, auf dem steht, was die Bewohner dem königlichen Steuereintreiber zu bezahlen haben, und setzt schwungvoll das königliche Siegel darunter.

Einer dieser Beamten kommt in eines dieser Hochtäler mühsam hinaufgeschnauft, denn von dem guten Essen in Herat war er etwas rund und schwer geworden. Er zeigt dem Dorfchef sein Papier und verlangt mit strenger Miene die Steuer für den König. Der Dorfchef verneigt sich höflich und sagt: ›Wir freuen uns, heute so einen ehrenwerten Gast begrüßen zu dürfen. Nun setze dich hier in den Schatten, ruh dich aus, iss und trinke, was dir die Frauen bringen. Ich rufe die Ältesten zusammen und berate mich mit ihnen.‹

Die Beratung dauerte nicht lange. Der Dorfchef brachte dem Steuereintreiber eine alte, magere, zottelige Ziege und sagte:

›Da, nimm! Bring dem König unsere Steuer!‹

›Das ist eine Beleidigung des Königs‹, sagte der Beamte und bekam einen hochroten Kopf und eine steile Falte zwischen den Augenbrauen.

›Du kannst dich entscheiden: Nimm die Ziege oder wir schenken dir viele Steine, denn von denen haben wir hier im Überfluss.‹

Die Talbewohner hoben alle wie auf ein geheimes Kommando ziemlich große Steine auf und zielten auf den Beamten, der eilig – ohne Ziege – davonrannte. Die Bewohner lachten so laut, dass es noch lange im Tal widerhallte.

›Was für ein Segen sind doch unsere vielen schönen Steine‹, meinte der Dorfchef und betrat zufrieden lächelnd sein Haus.«

»Und jetzt haben sie keinen König mehr?«, fragte der kleine Mark.

»Nein«, antwortete sein Vater. »Und deshalb hat sich auch kein königlicher Steuereintreiber mehr hier blicken lassen.«

»Und wenn sie nicht gestorben sind,« sagte Antje,

»dann leben sie noch heute«, riefen die Kinder und lachten.

Für Simone war das Studium solcher Geschichten sehr wichtig, denn als Linguistin beschäftigte sie die Frage, wie biblische

Geschichten erzählt oder aufgeschrieben werden sollten. Sie geschahen vor langer Zeit, wirken noch in der Gegenwart und sind keine Märchen. Den Unterschied zu einer erfundenen Geschichte deutlich zu machen, war gar nicht so einfach; unter anderem traten durch den Wechsel der Zeitformen im afghanischen Erzählstil knifflige Fragen auf.

Viele Eindrücke stürmten auf die neuen Dorfbewohner ein. Mit der Zeit konnte dann aber jeder an seine Arbeit gehen: Beate kümmerte sich mit ihrem Team um das Gesundheitswesen, Ralf suchte nach technischen Möglichkeiten, die reichlich vorhandene Wasserkraft für das Dorf nutzbar zu machen. Simone begann als erste Ausländerin, die *Khiva*-Sprache zu erlernen. Eine ziemlich komplexe und schwierige Sprache, die nicht mit Dari zu vergleichen war. Dazu besuchte sie jeden Vormittag eine Stunde lang ihre Sprachhelferin. Diese war von dem englischen Doktor schon zur Gesundheitshelferin ausgebildet worden, eine kluge, verständnisvolle und verlässliche Frau. Neben *Khiva* sprach sie auch perfekt Dari. Ihr Mann war sehr angesehen im Dorf. Sie hatten fünf Kinder. Eine Tochter war schon verheiratet und lebte in einem anderen Dorf, zehn Stunden Fußmarsch entfernt.

In Erich Kästners *Emil und die Detektive* lernt man den »kleinen Dienstag« kennen, bei der Sprachhelferin im Hochtal machte Simone Bekanntschaft mit dem »kleinen Donnerstag«. Er hieß so, weil er an einem Donnerstag geboren worden war. Seine beiden älteren Brüder gingen vormittags in die Schule. Ihr Alter konnte – wie das der übrigen Bewohner auch – nur geschätzt werden. Denn Geburtsdaten wurden nirgends aufgeschrieben, auch keine Geburtstage gefeiert.

Der kleine Donnerstag, den Simone auf fünf Jahre schätzte, war beim Unterricht meistens dabei, manchmal sehr aufmerksam und neugierig, wenn Simone Bilder und Geschichten dabeihatte, über die sie mit der Sprachhelferin redete. Dann wieder war er völlig gelangweilt und dachte wahrscheinlich: Warum braucht sie so lange, um *Khiva* zu sprechen? Alle Kinder im Dorf können das doch! Aber durch die gute Unterstützung seiner Mutter lernte Simone in den ersten sechs Monaten sehr viel und konnte sich nicht nur mit dem kleinen Donnerstag unterhalten. Das brachte ihr viel Anerkennung der Dorfbewohner ein. Einmal konnte Simone ihrer Sprachhelferin die Geschichte vom verlorenen Sohn erzählen. Atemlos lauschte sie und war besonders darüber begeistert, dass der ungehorsame Sohn die Schweine hüten musste. Schweine gelten im Islam als unrein. Somit war es eine ordentliche Strafe für jemand, der so ungehorsam seinem Vater gegenüber war.

Simone ging wie üblich ganz systematisch vor, schrieb viele Wörter und Sätze im Internationalen Phonetischen Alphabet auf, erstellte Vokabellisten. Bei der Sprachhelferin hatte sie viele Geschichten anhand von Bilderbüchern erzählt, sich wieder erzählen lassen, sie dabei auf Tonträger aufgenommen und dann aufgeschrieben.

Inzwischen war es Herbst geworden. Zeit für die Ernte von Gerste und Erbsen. Der Weizen, der gut stand, sollte als Nächstes abgeerntet werden. Die Ähren wurden mit der Sichel geschnitten, dabei mussten die Männer auf dem Boden auf einem Knie in die Hocke gehen. Die Frauen in ihren roten Gewändern folgten ihnen, um die Garben von Hand zu bündeln. Sie standen lange so tief gebückt, dass es schien, als könnten sie sich nicht mehr aufrichten. Alle mussten mithelfen, auch die Kinder. Von Eseln oder Rindern, die einen Balken im Kreis über die Ähren zogen, wurde das Korn ausgedroschen. Die großen Jungen und die Männer worfelten mit Schaufeln die Mischung, die auf dem Boden lag, hoch in den Wind und sammelten die Spreu und das Heu in Säcke, die Körner wurden noch extra von den Frauen herausgesiebt. Die Menschen waren sehr dankbar dafür, dass die Ernte in diesem Jahr gut war. Die Sonne hatte verschwenderisch Wärme und Energie gespendet und alles wachsen und reifen lassen. Vermutlich stand kein Hungerwinter vor der Tür.

Es war auch Zeit, dass Simone ihre Wörter-Ernte worfelte und siebte. Sie nutzte die herbstlichen Wochen, um das gesammelte Material gründlich auszuwerten und die Grammatik systematischer aufzuschreiben.

Überraschenderweise kündigte Simone ihrer Familie und ihren Freunden für Ende November ihre Rückkehr nach Deutschland zum sogenannten Heimataufenthalt an. Das hatte sie eigentlich nicht geplant. Sie hätte die Wintermonate gern für weitere Sprachstudien genutzt. Doch das ganze medizinische Team hatte beschlossen, den Winter zu Hause zu verbringen. Also musste sie auch fliegen. Aus kulturellen Gründen konnte sie nicht allein im Hochtal bleiben, auch hätten ihrer Seele die kalten, dunklen Wintermonate sicher nicht gutgetan. Nach einem guten halben Jahr würden sich alle wieder im *Khiva*-Tal treffen und weiterarbeiten. So wurde es beschlossen, so wurde es gemacht.

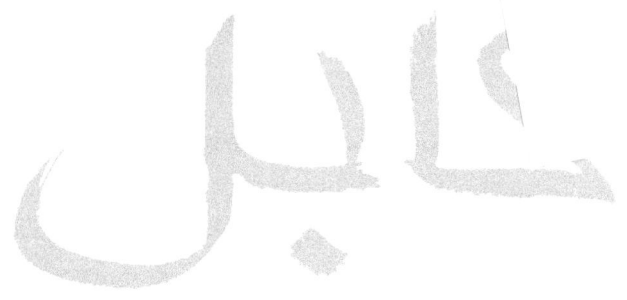

13. DAHEIM. NICHT NUR IM ECKHAUS.

Herr,
du bist unsre Zuflucht
für und für.
Ehe denn die Berge wurden
und die Erde und die Welt
geschaffen wurden,
bist du, Gott,
von Ewigkeit zu Ewigkeit.
Psalm 90,1-2

Noch im Heimataufenthalt beschloss Simone, dem Rundbrief an ihre Freunde ein neues Gesicht zu verleihen. Nun waren es nicht mehr *Simones Nachrichten* im DIN-A4-Querformat, sondern im DIN-A4-Hochformat stand über Bildmotiven aus dem Hochtal: ... *vom Dach der Welt*, darunter immer das Bibelwort aus Psalm 90, das am Anfang dieses Kapitels zitiert wurde. Sie lebte ja inmitten einer gewaltigen, atemberaubenden Bergkulisse. Und die Gewissheit, dass Gott schon eher da war als diese steinernen Riesen, war ermutigend. So würde er auch da sein, wenn sich im Blick auf ihre Arbeit im Hochtal Schwierigkeiten wie Berge auftürmen sollten. Das Psalmwort sollte für sie und für ihre Freunde ein immerwährender Zuspruch sein.

Noch etwa dreißig Briefe mit diesem Layout sollte Simone verfassen und dadurch ihre Verwandten und Freunde, die sie mit Gaben und Gebeten unterstützt, teilhaben lassen an ihrer unablässigen Arbeit für die Menschen im Hochtal.

Durch den langen Heimataufenthalt konnte Simone viele Gemeinden und Hauskreise besuchen, Vorträge halten und vom Leben im *Khiva*-Tal erzählen. Sie berichtete von der existenziellen Not der Bewohner, die sie bewältigen mussten: von der oft herrschenden Lebensmittelknappheit und der hohen Kindersterblichkeit, wogegen besonders das medizinische Team ankämpfte. Darüber waren viele Zuhörer betroffen und bewegt. Andere wiederum wünschten sich, etwas von der Ruhe und Gelassenheit, von der Himmelssterneneinsamkeit und Abgeschiedenheit des Tales zu erleben.

»Kein Handy.«

»Keine Termine.«

»Keine Hektik.«

»Keine Zwänge.«

»Kein Stau« – so die romantischen Vorstellungen mancher Zuhörer, die sie mit leuchtenden Augen in die Gesprächsrunde warfen.

»Dafür Staub, Steine und wenig Brot«, gab Simone den Romantikern zu bedenken.

Nicht selten meldeten sich ältere Zuhörer zu Wort, wenn sie von der mühsamen Bearbeitung des Bodens berichtete.

»So haben wir das als Kinder auch erlebt. Wir haben alle hart auf den Feldern gearbeitet, sind in der Hitze auf den Erntewagen gestanden, um die Heuballen zu stapeln, dann haben wir auf der Tenne beim Dreschen und Worfeln geholfen. Das ist von morgens bis abends durchgegangen.«

»Aber schon unsere Enkel haben leider wegen des rasanten Fortschritts in unseren Breiten kaum noch einen Bezug zur Herstellung unserer Nahrungsmittel«, warf ein grauhaariger, ausgemergelter Mann ein.

»Andererseits ist im Hochgebirgstal der *Khiva* genau das andere Extrem vorherrschend: Die ganze Lebenszeit und alle Lebenskraft muss darauf verwendet werden, das Leben zu erhalten und Nahrung zu gewinnen. Ein Mittelweg wäre gut«, meinte Simone.

Bevor sie sich Ende Juni 2010 wieder nach Asien aufmachte, predigte Simone am Sonntag Estomihi im Gottesdienst ihrer Heimatgemeinde. Sie sprach über den Brieftext des Propheten Jeremia an die im Exil lebenden Juden in Babylon, Jeremia 29,4-14. Dabei ging sie auch auf den umfassenden Frieden, den Shalom Gottes ein, der ein ganzheitliches Heil-Sein, eine völlige Mangellosigkeit auf allen Ebenen des Lebens, bedeutet. Frieden für die Stadt, in der man lebt, Frieden für den einzelnen Menschen und der persönliche Frieden – das war der Dreiklang der Predigt. Simone schilderte auch ein Treffen ihres Teams, das kurz vor dem Aufbruch ins Hochtal stattfand. Hier einige Auszüge aus der Tonbandaufnahme:

In meinem Gastland hat die Friedelosigkeit überhandgenommen. Es gibt so viele Dinge, die den Frieden stören, obwohl die Afghanen sich mit »Salam Aleikum« – »Friede sei auf euch« – grüßen. Hören Sie bitte nie auf, um Frieden für das ganze Land zu beten.

Vor gut einem Jahr, als der Aufbruch ins Hochtal schon spruchreif war, trafen wir uns zu einem Wochenende. Wir – das war eine britische und eine deutsche Familie, eine Holländerin und ich – wir wollten klären, wie wir unser Zeugnis als Christen im islamischen Kontext verstehen. Da gibt es nämlich ganz verschiedene Ansätze. Manche sind sehr offen. Sie laden Moslems bei jeder Gelegenheit zu einem Leben mit Christus ein und riskieren dabei, aus dem Land geworfen zu werden und führen damit auch das vorzeitige Ende ihrer Arbeit herbei. Andere sind vorsichtiger. Sie haben dadurch die Chance, länger im Land zu bleiben, aber sie verpassen vielleicht einmal eine Gelegenheit, über Christus mit ihrem Gegenüber zu sprechen.

Das muss vor einem Einsatz gut abgesprochen werden. Es ist wichtig, dass sich ein Team über den Ansatz einig ist, den es für die Entwicklungshilfe-Arbeit wählt. Damit im Konfliktfall nicht der eine den anderen beschuldigt, das Bleiberecht und damit die Arbeitsmöglichkeit verspielt zu haben. Die deutsche Familie, die Holländerin und ich waren alle der gleichen Ansicht: Wir wollen durch unser Leben ein Zeugnis sein unter dieser Volksgruppe, die nichts vom Frieden mit Gott weiß. Und im persönlichen Gespräch wollen wir Christus bezeugen, wann immer sich eine offene Tür dafür bietet. Dies aber nicht offensiv oder aufdringlich.

Jetzt war der Brite an der Reihe, seine Gedanken zu äußern. Er fragte: Aber schafft es nicht gerade Unfrieden im Dorf, wenn sich jemand für Christus interessiert oder sich gar für ihn entscheidet? Es gibt doch genug Unfrieden, Konflikte und Spaltungen in diesem Land. Wir sollten nicht noch mehr Spaltungen und Unfrieden schaffen durch unser Zeugnis von Christus. Dieser Einwand war nicht von der Hand zu weisen und gab uns zu denken. Nach einer Weile antwortete ich: Frieden beginnt im Herzen des einzelnen Menschen. Wenn Gott nicht die Herzen der Menschen berührt und bewegt, kann weder im Land noch in unserer Volksgruppe ein dauerhafter Friede einkehren. Ich hoffe und bete, dass Gott die Menschen dieses Landes langfristig spürbar berührt und verändert. … Bei uns im westlichen, verhältnismäßig friedlichen und ehemals christlichen Abendland ist es ja nun auch nicht so, dass die Mehrzahl der Menschen mit Gott versöhnt im Frieden leben würde. … Aber auch Menschen, die Christus nicht kennen, sind seine Geschöpfe. Und er hat ihnen die Sehnsucht nach Frieden ins Herz gelegt.

Vielleicht war es das Nachdenken über den Predigttext, das ihr den Konflikt, in dem sie stand – und den auch andere durchstehen mussten –, schmerzlich bewusst machte. Sie war von einer christlichen Organisation ausgesandt, und als Christ war es ihr wichtig, die Botschaft von Jesus da weiterzugeben, wo sie war. Deshalb war es ihr ein Herzensanliegen, dass die Menschen im Tal die Bibel in ihrer Sprache bekommen. Andererseits war sie als Entwicklungshelferin in dem Land und wollte ihnen auch von ganzem Herzen praktisch helfen, vor allem dadurch, dass sie in ihrer

eigenen Sprache Lesen und Schreiben lernen konnten. In einem
Rundbrief schrieb Simone dazu: *Der Brückenschlag zwischen beiden
Anliegen ist manchmal mühsam, denn mir liegt beides am Herzen:
dass den Menschen praktisch geholfen wird und sie Leselernmaterial
in ihrer Muttersprache erhalten, und ebenso, dass sie einmal Gottes
Wort in der Sprache ihres Herzens zur Verfügung haben.*

Die Bibelübersetzung war noch immer Simones großer Traum.
Ihr Herr hatte sie bis jetzt anders geführt, und sie hatte sich führen
lassen. Doch sie musste sich immer wieder neu entschließen, die
Spannung auszuhalten.

14. VOM DACH DER WELT

Gott, du bist mein Gott,
den ich suche.
Es dürstet meine Seele nach dir,
mein Leib
verlangt nach dir aus trockenem,
dürrem Land,
wo kein Wasser ist.
Denn deine Güte ist besser als Leben;
meine Lippen preisen dich.

Psalm 63,2.4

Das Team war gerade zwei Monate zurück im Tal, da kam die
erschütternde Nachricht vom gewaltsamen Tod einiger Kollegen.
Unter den Ermordeten war auch Daniela Beyer, mit der Simone
in Faizabad einige Monate zusammengearbeitet und -gewohnt
hatte. Daniela war als Dolmetscherin mit einem medizinischen
Team unterwegs gewesen und zusammen mit sechs Amerikanern,

einer Britin und zwei Afghanen am 09. 08. 2010 bei einem Raubüberfall getötet worden. Dieses Ereignis löste unter dem Team große Betroffenheit und Trauer aus. Allen wurde dadurch wieder bewusst, wie schwierig und gefährlich das Leben in einem Hilfsprojekt in diesem Land war. Alltägliche Ereignisse wie Erdrutsche, die Straßen verschütteten, Diebstähle, die ärgerlich waren, Schwierigkeiten mit Regierungsbeamten, die Geduld erforderten, Autos, die im Matsch stecken blieben, Termine, die nicht eingehalten wurden – alles schien plötzlich nebensächlich zu sein. Bei so einer Todesnachricht war es, als würde die Zeit stillstehen und der Herzschlag aussetzen.

Simone stand regelmäßig morgens um 4:30 Uhr auf – im Winter etwas später –, um ab 5 Uhr ihren Lauf am Fluss entlang zu beginnen. Die Sonne beschien schon die hohen Spitzen der Berge, versteckte sich aber noch dahinter. Sie liebte diesen frühen Lauf im zunehmenden Licht und dem lauter werdenden Gezwitscher der Vögel, dem gleichmäßigen Rauschen des Flusses. Kopf und Herz wurden frei. Kam ihr ein *Khiva* entgegen, verfiel sie in einen normalen Gang, denn rennen war für eine Frau unschicklich. Doch hinter der nächsten Biegung rannte sie wieder los. Ihr *Kameez* wippte wie eine Handwerkerschürze über der langen Hose auf und ab. Kam sie nach etwa einer Stunde zurück, frühstückte sie, üblicherweise Kaffee und das einheimische Fladenbrot. Danach nahm sie sich Zeit für ihre persönliche Bibellese und für das Gebet. Freunde sagen von ihr: »Sie war eine Frau des Gebets.« Tauchten Probleme auf, die unlösbar schienen, sagte sie meistens: »Kommt, lasst uns beten.«

Um 7:30 Uhr traf sich das Team in Simones Zimmer. Sie las dann die Losung des Tages aus den Losungen der Herrnhuter Brüdergemeine vor. In einem Gebetsheft waren für jeden Tag zwei oder drei Anliegen notiert, die den Mitarbeitern für die Fürbitte wichtig waren. Dann beteten sie für ihre einheimischen Freunde, für Bekannte und Angestellte, für die Familien, für die eigene Arbeit, für besondere Herausforderungen und Probleme, die immer wieder entstanden. Beendet wurde das gemeinschaftliche Gebet mit dem Vaterunser in Dari.

Nach einer kurzen Tagesbesprechung gingen alle an ihre Arbeit. Simone, die keine Mitarbeiter betreuen musste, sondern ganz frei war, ihren Tag zu gestalten, besaß eine eiserne Disziplin: Von 8 Uhr bis zum Team-Mittagessen arbeitete sie konzentriert zu Hause, oder sie war unterwegs in den Dörfern bei den Vorschulen. Nach dem Essen wurde die Arbeit fortgesetzt. Ab 16:30 Uhr ging sie in der Regel mit der Ärztin auf ihre Besuchsrunde im Dorf. Zwei oder drei Kinder gingen meistens mit. Die Frauen in ihren einfachen Hütten freuten sich auf diese Besuche. Es war oft möglich, am Ende der Begegnung ein Gebet zu sprechen. Manchmal besuchten Dorfkinder den Compound und boten auch Handarbeiten an, die sie verkaufen wollten. Dann setzte sich Simone und wer sonst noch Zeit hatte mit ihnen hin, es wurde geredet und gesungen. Das war eine ganz gemütliche Zeit, die wichtig für die Kontakte war. Um 18:30 Uhr trafen sich die Singles zum Abendessen, die Familien blieben unter sich. Es gab wieder einheimisches warmes Brot mit *Happy-Cow*-Käse, wenn möglich auch mal einen Salat dazu.

Der Donnerstag war ein herausgehobener Tag, es war der »Samstag« für die Muslime. Also wurde geputzt, Wäsche gewaschen, alles erledigt, was im Haushalt anfiel. Außerdem war der Donnerstag der Badetag für die Singles. Dazu ging man etwa 20 Minuten einen Hang hinauf, wo sich oberhalb des Dorfes verschiedene Baderäume mit eingefassten warmen Quellen befanden.

Simone wanderte leidenschaftlich gern, auch auf hohe Berge. Ihr Ziel war es, einen Fünftausender zu erklimmen. Das hat sie auch geschafft. Sie ging nicht allein zum Wandern; manchmal gingen die Kinder mit oder die Familien. Auf jeden Fall trug sie oft kilometerweise eins der Kinder auf dem Rücken. Praktisch waren die heißen Quellen, in denen man unterwegs auch Eier abkochen konnte.

Am Feiertag der Muslime, dem Freitag, feierte das Team zusammen Gottesdienst. Jeder übernahm eine Aufgabe, die Aufgaben wechselten durch. Wenn Simone zu predigen hatte, hielt sie sich an eine möglichst genaue Übersetzung des Textes und blieb mit allem, was sie sagte, nahe an der Bibel. Sie hatte immer etwas zu sagen, was das Team stärkte und ermutigte.

Merkwürdige Geräusche weckten Simone eines Nachts. Was war das? Ping, pingping, piingping – Wasser tropfte von der Zimmerdecke herunter. Sie holte schnell eine Schüssel, die das Wasser auffing, doch es tropfte an immer neuen Stellen. Sie stellte noch weitere Gefäße auf. Als sie von ihrem Morgenlauf zurückkam, war fast der ganze Zimmerboden zum Binnensee geworden. Sie stopfte rasch ihr Bettzeug unter den Tisch, der etwas erhöht stand, schnappte ihren Laptop und flüchtete zu den Kollegen, deren Raum noch einigermaßen trocken geblieben war. In der Küche konnte man nur noch mit Regenjacke kochen und abwaschen. Als der Regen endlich aufhörte und sich die Sonne durchsetzte, wurden alle nassen Sachen nach draußen gebracht. Überall im Dorf hatten die Frauen es ebenso gemacht: Teppiche, Sitzkissen, Bettzeug und andere Dinge waren draußen zum Trocknen ausgelegt. Es sah zwar lustig aus, war aber nicht zum Lachen, vor allem, weil es – völlig untypisch für diese Jahreszeit – noch tagelang immer wieder regnete. Lehmdächer halten längerem Regen nicht stand, und durch den Dauerregen geriet auch die Ernte in Gefahr.

Normalerweise waren die Sommertage heiß, die Nächte kalt. So war es auch, als Conny und Ann zu Besuch kamen. Sechs Wochen hatten sie dafür eingeplant. Simone widmete sich ganz ihren Freundinnen und war sehr unternehmungslustig, ließ ausnahmsweise einmal ihre Arbeit links liegen und zeigte den beiden das ganze schöne Tal. Sie lud zur kostenlosen Sonnenbank ein: einfach auf die großen Steine liegen, Augen schließen und träumen. Die drei wanderten zusammen hinauf in die Berge und bestaunten ein ums andere Mal die herrlichen Rundblicke.

Im Dorf winkten ihnen die Frauen freundlich zu. Sie waren immer mit verschiedenen Arbeiten beschäftigt. Eine Frau ließ eine Spindel sausen, um Schafwolle zu spinnen. Eine Gruppe lachender junger Mädchen begegnete ihnen, alle mit einem roten Tschador über dem Kopf. Sie hielten ihre jüngeren Brüder im Arm, die sie hüten mussten. Weiter vorn am Flussufer hockte eine Frau barfuß vor einer kleinen Schüssel aus Emaille und wusch die Wäsche von Hand. Mit einer blanken Konservendose schöpfte sie das Wasser aus dem Fluss. Die Frau lachte, als Simone ihre Kamera zückte. Die Zahnreihe, die sie dabei zeigte, hatte Lücken, aber das tat ihrer Freude keinen Abbruch. Aus einem Haus, das etwas größer gebaut war, klang Musik.

»Kommt, wir klopfen mal. Dann könnt ihr euch die Instrumente ansehen.«

Ein Junge öffnete und lud die Frauen ins Haus ein. Ein älterer Mann saß etwas weiter hinten im Raum auf dem Boden. Der Junge setzte sich wieder zu seinem Bruder und nahm sein Instrument in die Hand. Voller Stolz zeigte er es den Besucherinnen. Durch einen mit Löchern versehenen Ölkanister hatte er einen hölzernen Stab gesteckt. Darüber waren zwei Drähte aufgezogen, die durch einfache Holzwirbel gespannt werden konnten. Mit einem Holzstab, über dem eine Sehne gespannt war, strich der Junge über die Drähte; er spielte das Instrument wie ein Cello. Sein älterer Bruder hatte sich eine Trommel aus einer etwa acht Zentimeter dicken Holzscheibe gemacht. Die Besucherinnen bewunderten die Musikinstrumente ausgiebig, was die Musikanten mit Würde und roten Ohren hinnahmen.

Bei der großen Hitze, die herrschte, wollten die Freundinnen am liebsten in den herrlich klaren Fluss springen und schwimmen. Aber in der Kultur ihres Gastlandes war dies eine absolute Unmöglichkeit. Frauen gehen nicht in der Öffentlichkeit baden oder schwimmen. Doch der Wunsch wurde so stark, dass sie einen Plan fassten ... Als es dunkel war, schlichen sie sich zum Fluss. Simone kannte eine Bucht, in der das Wasser etwas flacher und stiller war. Betty war mitgekommen und hielt Wache, Simone, Ann und Conny sprangen in die Wellen. Das Wasser war eiskalt, aber herrlich erfrischend. Sie kamen ziemlich ausgekühlt wieder an Land.

»Wir sollten uns wärmen, sonst erkälten wir uns noch«, sagte Conny mit klappernden Zähnen.

»Bald ist es dunkel. Dann riskieren wir es und steigen hoch zur warmen Quelle *Sare Gaz*. Aber wir müssen vorsichtig mit den Taschenlampen hantieren. Nicht, dass uns jemand vom Dorf entdeckt und Alarm schlägt. Nachts geht man nicht ins Bad«, sagte Simone. Bald marschierten und kletterten sie vorsichtig den Fußweg hoch, überquerten die wackelige Holzbrücke und gingen in das Badehäuschen. Dort ließen sie in ein Becken das heiße Quellwasser einlaufen. Sie verschlossen die Tür, stellten Kerzen in jeder Ecke des Pools auf und genossen das warme Bad in vollen Zügen. Simone hatte Schokolade und Gummibärchen dabei, was dem Trio köstlich schmeckte. Diese heißen Quellen sind ein großzügiges Geschenk der Natur an die Bewohner der Berge, die so viele Entbehrungen ertragen müssen.

Kurz vor der Abreise der beiden Besucherinnen hatten Simone und Conny beschlossen, auf dem Flachdach zu schlafen und die Sterne zu beobachten. Da das Tal so hoch lag und kein Fremdlicht den Blick zum Himmel störte, waren die Sterne im tiefblauen Himmelsgewölbe zum Greifen nah. Das Glitzern, Leuchten und Blinken der Sterne musste jeden Betrachter in seinen Bann schlagen. Doch zunächst ging es nicht um Sterne, sondern gänzlich unromantisch um Würmer.

»Simone, ich habe Würmer. Soll ich Betty noch wecken, dass sie mir Medikamente dagegen gibt?«, fragte Conny.

»Hast du sie heute entdeckt?«

»Ja, und ich bin ziemlich in Panik, schließlich reisen wir bald ab.«

Simone meinte gelassen: »Wenn du sie heute entdeckt hast, beherbergst du sie schon längere Zeit. Dann macht es nichts, wenn sie noch eine Nacht länger bei dir ungebetene Gäste sind. – Schau mal, wie klar der große Wagen zu sehen ist! Und dort der Beteigeuze!«

Nachdem die beiden Frauen eine Zeit lang still die Sternbilder bewundert hatten, fragte Conny: »Sag mal ehrlich, habt ihr untereinander auch Konflikte? Hier wirkt alles so friedlich. Doch ich kann mir vorstellen: Wenn man so abgeschieden lebt, kann man sich doch leicht auf die Nerven gehen, oder?«

»Wir sind ein gutes Team. Vor allen Dingen das Kernteam, Familie Börendorfer und ich, sind gut aufeinander eingespielt. Da die anderen Mitglieder unserer Hochtal-Familie oft wechseln, können wir dadurch Sicherheit und Stabilität vermitteln. Dazu hilft auch unser wöchentliches Team-Meeting bei Börendorfers. Mit Ralf, Beate und den Kindern verbindet mich echte Freundschaft. Es ist für mich ein besonderes Geschenk, dass ihre Kinder da sind. Sie sind so unkompliziert und offen. Gern bin ich die Patentante vom Jüngsten, wir haben schon viel zusammen unternommen. Unsere kurzzeitigen Mitarbeiter und Helfer sind wertvolle Menschen, die uns unterstützen wollen. Aber sie können uns manchmal Probleme bereiten. Denn die einfache Lebensweise hier, die Abgeschiedenheit, trifft manche unerwartet hart. Sie kommen ja aus einer Welt der Ablenkungen, des Lärms, der ständigen Aktivitäten. Das fehlt hier alles. Oder es kommt jemand, der völlig falsche Vorstellungen hat im Blick auf die Arbeit in einem muslimischen Land.«

»Du meinst, dass manche mehr und offensiver missionieren wollen?«

»Ja. Sie denken, wir sind zu lasch darin. Aber wir bringen die gute Nachricht zu den Menschen, und zwar zunächst mit der Tat. Und auf Nachfrage mit Wort und Gebet. Das erfordert Geduld, ein offenes Ohr und ein weites, mitfühlendes Herz.«

»Und es ist deine Aufgabe, die Kurzzeitmitarbeiter in die bestehende Arbeit einzuführen?«

»Ja. Es ist doch überall so: Manche Leute sind angenehm und unkompliziert in der Zusammenarbeit und in den Beziehungen, sie hören zu und wollen lernen. Andere verursachen immer wieder Konflikte, leben mit sich selbst im Unfrieden und schieben die Schuld auf andere – und leiden doch selbst am meisten darunter!«

»Da hast du recht. Dass Gott dieses Wagnis eingeht, so unfertige Heilige wie uns in die Welt zu schicken, das ist schon erstaunlich!«

»Conny schau, dort hinten gehen gerade viele Sternschnuppen nieder!« Simone zeigte mit ausgestrecktem Arm nach Osten. »Und doch hat Gott nicht um eines einzigen großen oder kleinen Sternbildes willen seinen Sohn in die Welt gesandt, sondern um jedem großen und kleinen Menschen, auch in diesem Tal, zu begegnen und ihn zu retten.«

Nach einiger Zeit des Schweigens und Nachdenkens fragte Conny: »Werden die Mitarbeiter, die sich hierher aufmachen, nicht entsprechend vorbereitet?«

»Doch, schon. Aber zwischen einer theoretischen Erklärung und der harten Wirklichkeit bestehen große Unterschiede. Die Leute kommen aus verschiedenen Ländern, sprechen Dari noch nicht so gut und werden hier mit der Sprache der Einheimischen konfrontiert. Sie wollen gern mitarbeiten, aber welche Aufgaben können sie übernehmen? Immer nur kochen, abwaschen und putzen ist wirklich zu wenig für so einen Einsatz. Hinzu kommen die kulturellen Besonderheiten, die hier zu beachten sind. Unser kleiner Kreis ist dann schnell überfordert, wenn wir neben unserer Arbeit auch die Frustrationen der Helfer aufarbeiten sollen. Und natürlich haben sie, wie wir auch, Stärken und Schwächen, was zusätzlich zu Spannungen führen kann. Die gilt es auszuhalten und mit Gottes Hilfe zu überwinden.«

»Ich vermute, deshalb unternimmst du auch diese ausgedehnten Wanderungen hinauf in die Höhe der Berge, um Kopf und Herz frei zu bekommen?«

»Das stimmt. Nach einiger Zeit des Wanderns oder Laufens kann ich ganz anders beten. Ich gewinne wieder Zuversicht. Gott macht keine Fehler. Weder bei der Zusammensetzung unseres Teams noch bei der Bestimmung des Ortes, an dem wir ihm und den Menschen dienen sollen.«

»Wie hoch war der höchste Berg, auf den du geklettert bist?«

»5 000 Meter!« Simone lachte. »Das war gigantisch. Auch für Ralf, der mich begleitet hat, war das ein großes Erlebnis.«

Mit der Zeit wurde es so kalt auf dem Dach, dass die Begeisterung für den Sternenhimmel und ihre angeregten Gespräche die beiden nicht mehr genügend erwärmen konnten. Sie suchten doch lieber ihre Zimmer auf.

Am nächsten Tag wurden die Freundinnen herzlich verabschiedet. Das Team ging wieder seiner gewohnten Arbeit nach.

15. LEHREN UND LERNEN UNTER DEM HINDUKUSCH

Die Klugen
werden so hell strahlen wie die Sonne
und diejenigen,
die andere auf den Weg
der Gerechtigkeit geführt haben,
werden für alle Ewigkeit funkeln
wie die Sterne.

Daniel 12,3 (NLB)

Jeder Tag brachte kleine Fortschritte. Simone hatte einen Lehrer im Nachbardorf ausfindig gemacht, der mit einem guten Sprachgefühl und mit viel Fantasie begabt war. Miteinander tüftelten sie die Grammatik immer weiter aus und arbeiteten an kurzen Geschichten in *Khiva*. Daraus entstanden kleine Leseheftchen. Sobald Simone wieder in die Provinzhauptstadt kam, kaufte sie Papier und kopierte die Heftchen. Diejenigen im Dorf, die Dari lesen konnten, mussten in *Khiva* zwar noch einige Buchstaben dazulernen, aber das war nicht schwer. Und diejenigen, die noch nicht lesen konnten, kämen hoffentlich in die Leselernkurse, die sie ab dem kommenden Frühjahr anbieten wollte. Das war ihr Plan. Außerdem entstand ein Bändchen mit Gedichten, die von der Schönheit des Tales handelten, besonders im Frühling.

Schon bald darauf lud Simone Leute aus den Dörfern der Region ein, die gerne Geschichten erzählten. Sie wurden von Simone und dem Lehrer angeleitet, diese Geschichten aufzuschreiben. Geschichten über ihr Leben, ihren Alltag, über alles, was sie gern erzählen wollten. Dann stellte Simone aus den Erzählungen Heftchen in verschiedenen Schwierigkeitsgraden her. Irgendwie verbreitete sich die Sache mit den Heftchen. Eines Tages standen einige Schuljungen vor der Tür, die auch Geschichten aufschreiben wollten. Simone freute sich sehr. Außerdem entdeckte sie im Nachbardorf einen Jungen, der gut malen konnte. Er illustrierte die Heftchen mit leichter Hand. Simone hielt weiter Ausschau nach Talenten und war glücklich darüber, wie sich die Dinge fügten. Eine Leselernklasse nach der anderen entstand in den verschiedenen kleinen Dörfern entlang des Flusses. Und auch immer mehr Lehrer fanden sich ein, die die Bedeutung dieser Arbeit begriffen und gerne mithelfen wollten.

Ein lokaler Repräsentant des Bildungsministeriums besuchte die Projekte und studierte die Kurse. Die Unterrichtsmethoden gefielen ihm. Er meinte sogar, dass die Kinder der öffentlichen Schulen mit dieser Methode mehr und besser lernen würden. So vertiefte Simone den Kontakt zu den Schulen im Tal. Laut Lehrplan sollte in den Schulen in zwei Wochenstunden die Muttersprache unterrichtet werden. Doch dazu fehlten Lehrer und Material. Das war ein guter Anknüpfungspunkt, um Hilfe anzubieten. Noch besser wäre eine Art Vorschule, in der die Muttersprache unterrichtet würde. Diese Ideen mussten gut ausgearbeitet und klug kommuniziert werden, besonders mit dem Bildungsministerium.

Die Gespräche in der Distrikthauptstadt waren so fruchtbar, dass mit der Umsetzung des Vorschulprojekts begonnen werden konnte, zunächst als Testlauf an drei verschiedenen Schulen. In den drei Klassen waren insgesamt dreiundvierzig Kinder registriert. Im Herbst wurden auch wieder neue Leselernklassen für Erwachsene angeboten. Obwohl es zunehmend kalt wurde und bei so einer Kälte normalerweise niemand ohne triftigen Grund vor die Tür ging, kamen die Kinder und Erwachsenen regelmäßig zu den Lernklassen. Auch wurde – wie gewohnt – wieder ein zweiwöchiger Lehrgang für Lehrer abgehalten. Simone achtete sehr darauf, kein Dorf, das an dem Projekt teilnehmen wollte, zu benachteiligen.

Durch die Leselernklassen begegnete Simone wieder dem bekannten Problem der verschiedenen Lernweisen: Vorsprechen – Nachsprechen oder mit Logik und selbstständigem Denken zu neuen Lösungen kommen. Dennoch: Die Rektoren der Schulen, an denen die Vorschulklassen durchgeführt wurden, gaben positive Rückmeldungen. Aber Simone musste auf vielen Ebenen mit den Feinheiten der *Khiva*-Sprache kämpfen. Das Alphabet, die Rechtschreibung und die Grammatik mussten immer wieder mit anderen Spezialisten, mit Einheimischen, mit Lehrern und mit dem Bildungsministerium abgesprochen werden. Da gab es Rückschläge und Ungereimtheiten, Verzögerungen und Neid-Attacken. Daneben musste sie den Schulbetrieb auf dem Laufenden halten, Bücher und Fibeln entwickeln, Geschichten sammeln und vieles mehr. Der Kraftaufwand dafür war immens.

Obwohl Simone in großer Abgeschiedenheit lebte, vergaß sie nicht, auch an die persönliche Weiterbildung zu denken. Sie plante, noch einen international anerkannten Master in Linguistik zu machen. Damit war die Chance, wieder ein Visum zu bekommen, größer. Sie hatte erfahren, dass in England in Zusammenarbeit mit einer britischen Universität solche Kurse angeboten wurden. Zwei Kurse von jeweils zweieinhalb Monaten musste sie dafür besuchen, von April bis Mitte Juni, dann im Jahr darauf von Mitte Januar bis Mitte April. Dabei kam ihr entgegen, dass diese Kurse auf die Arbeit von Minderheitensprachen ausgerichtet waren. So konnte sie während des Kurses an der *Khiva*-Sprache weiterforschen. Danach musste sie noch eine Masterarbeit schreiben. Und als ob der guten Möglichkeiten nicht schon genug gewesen wären, fügte es sich, dass das Treffen der linguistischen Mitarbeiter aus Europa und Westasien in Deutschland stattfand. So würden sich alle Termine bestens miteinander verbinden lassen.

Simone erfuhr von einem Nomadenvolk, das das ganze Jahr über sein Vieh auf verschiedenen Hochweiden grasen ließ. Da diese Menschen völlig abgelegen lebten, war ihre Sprache von Vermischungen noch gänzlich frei. Also bereitete sie wieder einen *Survey*, eine Erkundungsreise, dorthin vor. Sie musste Genehmigungen einholen für die Tour, Fragebögen und Wortlisten vorbereiten. Während sie die Bewohner nach ihren Sprachgewohnheiten befragen wollte, würde ihre Kollegin besonders die Mütter über Gesundheitsthemen befragen. Es war natürlich keine Internetbuchung für Versorgung, Transport und Hotel möglich, es ging vielmehr wieder recht rustikal zu: mindestens drei Wochen wandern, reiten, immer höher ins Gebirge. Dazu alle Siebensachen wie Zelt, Lebensmittel und Wasserfilter mitnehmen. Unterwegs lauerten viele Gefahren für das Team, das aus zwei Einheimischen und drei Ausländern bestand. Im Vertrauen auf Gottes Schutz machten sie sich auf den Weg und kamen wieder wohlbehalten mit vielen neuen Erkenntnissen zurück.

16. EISESKÄLTE UND UNSICHERE ZUKUNFT

Seines Donners Stimme erschüttert die Erde,
bei seinem Anblick zittern die Berge.
Wie einen Vogelschwarm streut er den Schnee;
der fällt herab,
wie Heuschrecken sich niederlassen.

Seine weiße Pracht blendet das Auge,
und das Herz staunt über solch seltsamen Regen.
Er schüttet den Reif auf die Erde wie Salz,
und wie Dornen wachsen Kristalle.

Wenn der kalte Nordwind weht,
friert das Wasser zu Eis;

wo Wasser ist, da bleibt er

und kleidet es wie mit einem Harnisch.

Jesus Sirach 43,17-20

Was die Kälte im Hochtal für die Bewohner bedeutete, beschrieb Simone in einem ihrer Briefe vom *Dach der Welt*:

Es ist kalt hier im Tal. Bei den Menschen im Dorf brennt den ganzen Tag über ein offenes Feuer im Haus. Die Häuser sind klein, haben dicke Lehmwände und kaum Fenster. Wände und Decke sind schwarz vom Ruß. So wirkt das alles zwar dunkel und eng, diese Bauweise hilft aber, die Wärme im Haus zu behalten. Allerdings birgt das Feuer auch Gefahren: Immer wieder verbrennen sich Kinder die Hände und Füße, zudem atmen die Menschen viel zu viel Rauch ein. Sehr viele Kinder unter einem Jahr sind in diesem Winter in der Kälte gestorben, es ist nicht eindeutig, was die Ursache war. Wir beten, dass Gott die Trauernden tröstet und den Menschen beisteht.

Doch leider hat dieser Winter bis jetzt viel zu wenig Schnee gebracht, die Berge sind kaum weiß. Und doch wird im nächsten Frühjahr und Sommer dringend das Schmelzwasser zur Bewässerung der Felder gebraucht, damit das Gras auf den Viehweiden wächst. So hoffen wir auf mehr Niederschlag!

Auch in unserem Haus ist es kalt. Ich muss darauf achten, den Kanister mit Wasser immer so neben dem Ofen zu platzieren, dass genug Wasser flüssig bleibt. Auch haben wir im Winter sehr wenig Strom.

Die Tage sind kurz und wenn der Himmel dazu noch bewölkt ist, produziert unsere Solaranlage tagsüber gerade noch genug Strom für die Computer. Doch am Abend geht dann schon mal das Licht in meinem Zimmer aus. So bleibt nur, heißen Tee zu trinken, früh ins Bett unter die warmen Decken zu gehen und – den Akku vom Laptop mitzunehmen. Denn der ist kälteempfindlich!

Die Fensterscheiben in Simones Zimmer waren meistens von innen gefroren. Sie hatte oft Frostbeulen an den Händen, da sie zudem wenig heizte, oder besser: es sowieso nicht richtig warm wurde, auch wenn der Ofen brannte. Warum also Diesel verschwenden? Duschgel, Shampoo und Spülmittel gefroren zu einer merkwürdigen Masse. Um ihren trockenen Humor nicht zu verlieren, trieb Simone physikalische Studien und stellte fest: »Duschgel gefriert schneller als Zahnpasta, Eigelb eher als Eiweiß.« Erdbeermarmelade wurde zu Erdbeereis. Um den Drucker in Gang zu bekommen, musste sie ihn über den Ofen halten. Unter dem Auto musste erst ein kleines Feuer entfacht werden, damit der Diesel flüssig genug wurde, um den Motor zu starteten. So lebte das Team mit der Eiseskälte auf 3 000 Meter Höhe unter dem Hindukusch.

Hinzu kam eine knappe Lebensmittelauswahl. Fast kein frisches Obst und Gemüse. Lagern ließen sich nur Teigwaren, Reis und Hülsenfrüchte, Kartoffeln nur bedingt. Es gab noch andere Kreaturen, deren Vorräte knapp geworden waren: Mäuse, deren Riechorgane einwandfrei funktionierten. Obwohl sich die Tierfreundin lange dagegen wehrte, musste sie doch Fallen aufstellen, um Mäuse zu fangen und zu töten. Es war eine regelrechte Plage. Manchmal fingen sie über dreißig Nager in einer Nacht. Als ob sie nicht genug sonstige Arbeit gehabt hätten. Kam dann mal ein LKW mit den bestellten Äpfeln aus Kabul, passierte es, dass auch Kanister mit Dieselöl geladen waren, alles bunt durcheinander. Da die Kanister nicht ganz dicht waren, waren viele Äpfel ungenießbar.

Nicht nur in den Wintermonaten strickte Simone bei jeder sich bietenden Gelegenheit leidenschaftlich gern und vor allen Dingen schnell. Es entstanden viele Pullis, Socken und Schals, zum Teil richtige Kunstwerke. Oder sie nähte aus unzähligen Flicken von abgelegten Jeans eine Art Patchwork-Decke, die am Ende 2,7 kg wog und 1,50 auf 2,20 Meter groß war. Ein Prachtstück. Außerdem entstanden viele 1000er Puzzles im Compound. Und wenn die Gruppe sich zum Spielen traf, konnte es manchmal turbulent zugehen, denn Simone konnte nicht gut verlieren. Es war aber gut, dass es neben den Ausarbeitungen für die Sprachforschung, neben dem Verfassen der Masterarbeit, der Beantwortung von E-Mails, dem Schreiben von Artikeln, dem Lösen von Konflikten und vielem anderen auch Zeiten unbeschwerter Geselligkeit gab. Simone backte gern trockene Kuchen, liebte Schokolade und verfügte über eine Unmenge von Gummibärchen.

Gefeiert wurde selbstverständlich auch im Hochtal. Alle Geburtstage, der Tag der Deutschen Einheit, Ostern und natürlich die Advents- und Weihnachtszeit. Einmal feierten sie Weihnachten mit einheimischen Kollegen. Mit gutem Essen – wie es sich in Afghanistan gehört –, mit Musik und Geschenken. Simone las zum ersten Mal »die Geschichte zum Fest« vor. Es war ein stiller und zugleich historischer Moment, an den sich das Team später immer noch bewegt erinnerte. Dass diese Zeit auch eine angefochtene Zeit war, verwundert nicht. Wochenlang begleitete Simone in der

Weihnachtszeit einmal eine Strophe aus Jochen Kleppers Lied *Die Nacht ist vorgedrungen*:

Noch manche Nacht wird fallen
auf Menschenleid und -schuld.
Doch wandert nun mit allen
der Stern der Gotteshuld.

Beglänzt von seinem Lichte,
hält euch kein Dunkel mehr.
Von Gottes Angesichte
kam euch die Rettung her.[9]

Sie vermerkte dazu: *Wir wünschen uns sehr, dass auch die Khiva erfahren, dass Gott sie vom Dunkel ins Licht führt, dass ihre Rettung von Gottes Angesicht herkommt! Manchmal scheint die Dunkelheit hier überwältigend.*

An dieser Stelle spüren wir deutlich, dass Simone und das Team nicht nur mit äußeren Widrigkeiten zu kämpfen hatten. Manchmal ließ sich die Situation mit dem Bild vom wilden Angriff eines Wolfs auf eine friedlich grasende Schafherde vergleichen.

Während der Linguistik-Kurse für Minderheitensprachen in England hatte Simone ein Ehepaar kennengelernt, dem die Spracherforschung sehr am Herzen lag. Tochter Rebecca hatte gerade das Abitur gemacht und suchte einen Praktikumsplatz bis zum Beginn ihres Studiums. Sie wollte Lehrerin werden. Simone wurde hellhörig und erzählte, dass die deutsche Familie im *Khiva*-Tal jemand suche, der ihre drei Kinder unterrichten und betreuen könnte.

Rebecca war an der Aufgabe interessiert und wollte das Wagnis eingehen, obwohl Simone ihr erzählt hatte, wie herausfordernd das Leben in ihrem Tal war. Da die Wohnungen im Compound alle belegt waren, als Rebecca kam, bewohnte sie ein Zimmer in einem Haus in der Nähe. In ihrem Tagebuch schildert die Achtzehnjährige auch ihren ungewohnten Kampf mit Dieselöfen und Kältegraden:

14. Oktober 2013: Im Moment ist es nachts minus 10 Grad Celsius draußen. Jemand hat mir gesagt: »Keine Angst, es wird in deinem Zimmer nicht unter null.« Das hat dann aber nicht ganz gestimmt!!!

19. Oktober: Ich glaube, ich werde bei mir im Zimmer nicht so viel heizen müssen. Ich meine, lohnt sich ja fast nicht wegen der halben Stunde am Morgen und der Stunde vor dem Schlafen.

22. Oktober: Das Wasser in den Schläuchen, die zum Kanister auf dem Dach führen, ist jetzt eingefroren. Ich bin mit David aufs Dach geklettert, um zu schauen. Jetzt gibt es kein Wasser aus dem Hahn mehr. Von nun an müssen wir das Wasser in den Kanistern vom Fluss bringen lassen.

25. Oktober: Draußen friert es in der Nacht, und am Tag taut es dann wieder auf. Wenn man in der Sonne sitzt, ist es aber auch im Winter warm. Ich habe mit Handschuhen und Socken geschlafen. Simone hat mich geneckt, weil ich mit Socken schlafe. Sie schläft ohne Socken, ohne Handschuhe, ohne Mütze.

29. Oktober: Mein Dieselofen ist nun installiert. Ich habe ein bisschen Respekt davor. Aber mir wurde gesagt, das Problem ist eher, dass ich ihn nicht richtig zum Brennen kriege, als dass ich eine Explosion verursache.

Das war tatsächlich immer so. Immer ein großer Hickhack und viel Zeit und Nerven und sehr viele Streichhölzer, bis die Öfen gebrannt haben. Einmal habe ich eine ganze Stunde gebraucht, bis der Ofen gebrannt hat. *Eine Stunde!* Aber es macht keinen Sinn, sich aufzuregen. Man muss dann einfach nachher vorwärts machen.

25. November: Abendbrot bei Simone. Ich hatte ganz schlechte Laune, weil es so kalt war. Ich saß in meiner Jacke mit hochgezogener Kapuze am Tisch. Dann nahm ich einen Löffel in die Hand und legte ihn grad wieder hin.

»Auch der Löffel ist kalt!«

»Es wird noch schlimmer«, prophezeite Simone.

»Na super!«

»Das hilft dir nicht, gell?«

»Nee!«

29. November: Nach dem Bad in der heißen Quelle waren meine Hände ziemlich blau. Simone verzog das Gesicht und meinte, wenn die Hände schwarz werden, ist es nicht gesund. Ich verdrehte die Augen.

13. Dezember: Betty sagte mir, dass meine Finger nicht gut aussehen, sie sind sehr angeschwollen. Frostbeulen eben. Das wird in Kabul dann besser, tröstete sie mich.

14. Januar 2014: Wir waren vier Wochen in Kabul, d. h. vier Wochen lang wurde mein Zimmer im Khiva-Tal nicht geheizt. Als wir zurückkamen: Außentemperatur minus 12 Grad Celsius, in meinem Zimmer minus 7 Grad Celsius. Eigentlich nicht schlecht. Zuerst habe ich ein bisschen Eis im Topf auf dem Ofen geschmolzen, damit ich meinen Tisch nass abstauben konnte. Als ich mit dem nassen Lappen über den Tisch wischte, formte sich sofort eine dünne Eisschicht. Der Diesel brennt schlecht bei Minusgraden. Das Gas fließt nicht gut für den Gaskocher ... Lachen oder weinen? Ich entschloss mich, zu lachen.

17. Januar: In meinem Zimmer hatte ich morgens früh nun minus 2 Grad, feuerte an und schaute immer wieder aufs Thermometer. Als es bei 4 Grad ankam, dachte ich mir: Hey, nicht schlecht! Bei 6 Grad dachte ich: Wow, dieses Zimmer wird warm! Bei 8 Grad dachte ich: Gleich beginne ich zu schwitzen!!!

Es ist, als ob man die Berichte und Bilder Simones auf zwei Ebenen lesen und ansehen müsste. Auf der einen Ebene finden wunderbare Fortschritte im Blick auf die Spracherkundung statt. Die Menschen im *Khiva*-Tal freuen sich, dass sich jemand um ihre Sprache kümmert. Sie lernen gern. Kinder und Erwachsene der Alphabetisierungsklassen halten stolz ihre Zertifikate in die Kamera. Immer mehr Lehrer lernen, die Vorschulklassen gut zu unterrichten. Männer sitzen auf einem Hochplateau auf Teppichen in Vierergruppen beieinander, ringsum kein Haus, kein Strauch, irgendwo ein kleines Zelt. Sie sammeln in ihrer Sprache Wörter zu verschiedenen Themen, die dann mit dem kleinen Aufnahmegerät festgehalten werden. Oder es gibt eine Alphabet-Konferenz in einem Gästehaus, wo wieder viele Männer sitzen, die den großen Raum füllen. Das Interesse und die Aufmerksamkeit sind selbst auf der etwas dunklen Aufnahme förmlich zu spüren. Oder Simone steht – wie so oft – vor einer Tafel und erläutert zwölf Erwachsenen, die in Schulbänken vor ihr sitzen, die Schriftzeichen. Und wenn aus einem Dorf fast die komplette Bevölkerung höher in die Berge zieht, weil die Hochweiden fruchtbarer sind, dann ziehen die Leselernklassen mit um. Nur keine Lektion verpassen! Vierzig Minuten Fußmarsch steil bergauf. In einer kleinen Steinhütte geht der Unterricht wie gewohnt weiter. Simone wird viel Respekt und Achtung entgegengebracht. Ihr Wort und ihre Einschätzung der Lage werden von vielen – auch in der Zentrale in Kabul – gesucht und gehört.

Auf der anderen Ebene lodert ein Störfeuer nach dem anderen. Der Fluglinie, die mit kleinen Flugzeugen ins Tal fliegen kann, wird immer wieder und ohne Begründung die Lizenz entzogen. Das ist ein schwerer Schlag, die ganze Logistik der Versorgung gerät dadurch ins Wanken. Ein Distrikt-Gouverneur ordnet plötzlich und unbegründet einen Umzug des ganzen Teams in die Distrikt-Hauptstadt an. Es gelingt, dies abzuwenden. Oder es bleiben Genehmigungen aus. In Kabul eröffnet ihnen der Direktor, der die Projekte vor Ort leitet, dass er seine Arbeit nicht mehr weiterführen wird, ebenso drei andere leitende Mitarbeiter. Das hat Folgen für das Team im *Khiva*-Tal. Die Welt von Simone und ihren Kollegen wird total auf den Kopf gestellt. Zumal auch das deutsche und das britische Team ihre Abreise vorbereiten. Die Zeit des ruhigen Arbeitens scheint vorbei zu sein. Rebecca schreibt dazu in ihrem Tagebuch:

6. Januar 2014: Es soll ein neues Ehepaar in unser Tal kommen. Betty scheint gut damit fertigzuwerden. Sie sagt, Gott hat einen Plan. Es ist eine schwierige Situation, aber wir werden uns durchkämpfen. Simone hat während der Sitzung mit Tränen gekämpft und sagt nichts und schaut bedrückt und unglücklich aus. Nach der Sitzung ist sie prompt verschwunden, aufs WC, und hat geweint.

7. Januar: Wir hatten heute eine dreistündige Sitzung und haben diskutiert und diskutiert und diskutiert. Mann, ich wusste nicht, dass das alles so dramatisch ist, dass vier Direktorenstellen neu besetzt werden müssen. ... Fühlt sich jeden Tag dramatischer an. Allein vom Anschauen der Erwachsenen wird es mir schon schwindlig.

Auch mir rauchte der Kopf schon allein beim Lesen der Berichte. Schmerz, Enttäuschung, Kampf für die *Khiva*, Kampf gegen Niedergeschlagenheit und Entmutigung auf der einen Seite waren bedrängend. Und trotz allem suchte Simone auf der anderen Seite weiter nach Wegen, um Mitarbeiter zu halten, Lehrer zu motivieren, die Arbeit zunächst allein fortzuführen. Sie musste auch die finanziellen Dinge im Auge behalten, Material und Gehälter bezahlen und vieles mehr. Das war eine hoch komplizierte Mischung aus Verantwortung, Eigeninitiative und Rückzug, die für einen Außenstehenden schwer zu begreifen ist. Vor allem war plötzlich so viel infrage gestellt, was doch so verheißungsvoll gewesen war.

Noch fast ein Vierteljahr lang mussten sich die Teammitglieder mit den aufgetretenen Problemen beschäftigen: Wann endet das medizinische Projekt? Wann findet der Umzug statt? Kann man irgendwie mit den unberechenbaren lokalen Behörden und mit dem nationalen Bildungsministerium weiter zusammenarbeiten? Auch waren da plötzlich Verleumdungen, Anschuldigungen und Lügen zu hören, deren Quelle niemand kannte, deren Gift aber wirkte.

Immer mehr kristallisierte sich heraus, dass die Arbeit im Hochtal mindestens ein Jahr lang auf Eis gelegt werden musste. Die dringend nötige logistische Unterstützung konnte von der Zentrale aus nicht mehr gewährleistet werden. Auch die allgemeine unsichere Lage zwang dazu. Nun musste Simone alles loslassen. Das war hart. Es traf sie in der Tiefe ihrer Existenz.

Beschlossen war, dass das gesamte Team Ende April das Tal verlassen würde. Eine amerikanische Kollegin sollte die *Khiva*-Sprache erlernen, um vielleicht danach hin und wieder mit den *Khiva* und ihrer Sprache weiterarbeiten zu können. Simone notierte dazu:

Die letzte Kiste ist zugeklebt, die zwei verbleibenden Räume, voll mit unseren Habseligkeiten, sind abgeschlossen. Ende April sind wir dann aus dem Tal in die Hauptstadt geflogen.

Fünf Jahre habe ich im Tal gewohnt – wir sind am Ostersonntag 2009 dort mit dem Auto angekommen und am Karsamstag 2014 mit dem Flugzeug abgeflogen. Hoffentlich werden diese denkwürdigen Daten für die Khiva einmal Symbolkraft gewinnen! ... Anfang Juni, an Pfingsten, werde ich zum Heimataufenthalt in Deutschland ankommen. Ich hoffe, erst einmal wieder zur Ruhe zu kommen nach den intensiven vergangenen Monaten und nach all den Geschehnissen, die mich erschöpft und auch belastet haben.

كابل

17. GEBROCHENE FLÜGEL

Gebet eines Menschen,
der allen Mut verloren hat
und dem Herrn sein Leid klagt.
Höre mein Gebet, Herr,
und achte auf meinen Hilfeschrei!
Ich bin in großer Not –
verbirg dich nicht vor mir!
Höre mir zu und hilf mir schnell!
Meine Kraft vertrocknet
wie abgemähtes Gras,
selbst der Hunger ist mir vergangen.
Man hört mich klagen
wie eine Eule in der Wüste,
wie ein Käuzchen in verlassenen Ruinen.

Darum flehe ich ihn an:

Mein Gott,
lass mich nicht jetzt schon sterben!
Du selbst überdauerst die Generationen.
Vor langer Zeit hast du alles geschaffen,
Himmel und Erde sind das Werk deiner Hände.
Sie werden vergehen,
du aber bleibst.

Aus Psalm 102 (HFA)

Es kam alles anders als geplant. Bei aller Willensstärke, die Simone auszeichnete – irgendwann ließen sich Körper, Seele und Geist nicht mehr vorwärts puschen. Zwar machte sie immer wieder Pläne, wollte zurück ins Tal. Doch zunächst streikte der Motor ihres Lebens. Er war heiß gelaufen. Er blieb stehen. Auffahren mit Flügeln wie ein Adler, das war ein immer wiederkehrendes Glaubensmotiv ihres Lebens gewesen. Nun war es, als seien diese Flügel durch die auf sie einprasselnden Ereignisse gebrochen worden.

Stichflammen der Anfechtung und des Zweifels züngelten aus der Tiefe ihrer Seele immer wieder herauf und wollten ihren Glauben versengen: War alles, alles umsonst? Was habe ich falsch gemacht? War ich zu ungeschickt, die wichtigen Leute zu überzeugen? War ich am falschen Ort? Wegen äußerer Umstände musste ich mein Tal verlassen. Ich habe nichts zu Ende gebracht. Habe ich mich getäuscht in der Einschätzung der Lage? Habe ich versagt? Warum hilft mir Gott nicht? Warum bin ich nicht nach meiner Geburt gestorben? Wofür habe ich so gekämpft? Ich bin ausgelaugt, zerbrochen in tausend Stücke …

Völlig ausgebrannt zu sein, was wir landläufig Burn-out nennen, widerfährt meist den besonders einsatzfreudigen Menschen, jenen, die mit Begeisterung und Zuversicht schwierige Aufgaben anpacken, jenen, die mit Willen und Wagemut alle Hindernisse überwinden wollen, jenen, die alle eigenen Bedürfnisse hintenan stellen, um das gesteckte Ziel zu erreichen. Auf diese Weise wurden der Mount Everest bezwungen und der Chimborazo bestiegen, die Welt umrundet und die Pole entdeckt, die Pest besiegt und große Dome erbaut. Viele dieser großartigen Menschen ertrugen die Strapazen, andere nicht. Simone hatte die Strapazen lange ertragen, Schwierigkeiten überwunden und viel erreicht. Doch für die nächste Etappe hatte sie keine Kraft mehr. Sie konnte den hohen Berg neuer Probleme und Herausforderungen, der sich mehr und mehr über ihr auftürmte, nicht mehr bewältigen. Er begrub sie unter sich. *Diese Müdigkeit*, steht in einem Brief. Simone verstummte. Sie sang keine Lieder mehr mit, sie schwieg beim gemeinsamen Beten. Sie igelte sich ein. Alles erreichte sie wie durch eine dicke Schicht von Watte. Eine innere Leere gesellte sich zu einer bleiernen Dauer-Müdigkeit.

So kam sie zurück nach Deutschland. Da waren liebe Freunde, fürsorgliche Angehörige, auch von ihrer deutschen Zentrale wurde ihr Hilfe zuteil. Eine gute Seelsorgerin, die mit dem Phänomen vertraut war, half ihr professionell. Doch es brauchte Zeit, bis der kranke Vogel die Schwingen langsam wieder heben konnte. Simone musste ihr Leben neu strukturieren, Erlebnisse neu gewichten und bewusst verarbeiten. Es würde nichts mehr so sein wie vorher. Die Radikalität sich selbst gegenüber musste sie ablegen lernen und Schwäche zulassen. Sie musste lernen, sich helfen zu lassen.

Wenn sie früher immer abgelehnt hatte, dass einer der Brüder ihren Rucksack trug, musste sie ihn fortan gern dem Helfer überlassen. Sie musste auch die körperlichen Beschwerden zugeben und benennen, die durch das übermäßige Laufen, die langen Wanderungen in großer Höhe, die holprigen stundenlangen Autofahrten und das ständige Auf-dem-Boden-Sitzen entstanden waren. Sie musste bejahen, dass das Leben nicht nur Kampf war, wie sie es von klein auf gewohnt war, sondern auch ein bunter Strauß von Freude und Wärme, von Gefühlen und Zuwendung. Und sie lernte auch, darüber zu sprechen, so im Weihnachtsbrief 2014:

> Ich plane noch immer, im März nach Asien zurückzukehren. Leider bin ich gesundheitlich immer noch nicht so ganz fit und habe mich noch nicht völlig von meiner Erschöpfung erholt. … Ich merke auch, dass mich vieles noch mehr anstrengt und ich noch mehr Ruhe brauche, als das früher so war. Ich hätte wirklich nicht erwartet, dass sich das alles so lange hinzieht.

Ihre sehnsüchtigen Gedanken und Gebete galten natürlich den Bewohnern im *Khiva*-Tal und der Fortsetzung des Sprachprojekts. Ein Vierteljahr später schrieb sie:

> Ich bin dankbar, dass es mir in den vergangenen Wochen noch mal besser ging und ich mehr Energie hatte. Auch wenn diese Zeit der Erschöpfung bis jetzt viel länger gedauert hat, als ich mir das

vorgestellt habe, hat Gott das doch genutzt, um intensiv zu mir zu reden und mich tief mit seiner Liebe und Nähe zu berühren. Trotzdem reicht meine Kraft für eine Ausreise im März noch nicht aus. So werde ich nun am 7. April 2015 für einen Monat nach Asien reisen. Dort kann ich sehen, wie die Vorschulklassen begonnen haben und wo meine Unterstützung nötig ist. Außerdem kann ich ausprobieren, wie ich selbst mit meinen Kräften und auch emotional im Land wieder klarkomme. Gleichzeitig nimmt der überschaubare Zeitrahmen viel Druck von mir. Und ich freue mich darauf, meine einheimischen und ausländischen Kollegen wiederzusehen. Dort werde ich zwei Wochen in der Hauptstadt und zwei Wochen im Tal verbringen. ...

Im Sommer werde ich wieder in unserer Zentrale bei den Kursen rund um den Fremdspracherwerb unterrichten. Das jährliche Unterrichten gehört zukünftig zu meinem Dienstauftrag; so werde ich auch außerhalb von Heimataufenthalten dafür nach Deutschland kommen. Über diese Entwicklung freue ich mich, denn ich unterrichte ja gerne und es liegt mir. Zudem bietet es mir die Gelegenheit, immer wieder den nötigen Abstand vom Leben in Asien zu finden.

Im Juni 2015 notierte sie:

Ich habe den Eindruck, dass die Zeit für das intensive und abgelegene Leben dort im Hochtal der Khiva für mich abgelaufen ist. Im Tal waren wir die einzigen Ausländer, deshalb noch stärker unter

Beobachtung der Regierung und ihren Forderungen ausgesetzt. ...
Ich bin offiziell »Berater in Ausbildung« für die Spracherkundung.

Die einzige Fluggesellschaft, die den kleinen Landestreifen im
Khiva-Gebiet anfliegen kann, hat ... ihre Lizenz verloren. Und das,
obwohl wir aus Sicherheitsgründen seit ein paar Jahren nicht mehr
über Land fahren, sondern nur fliegen können. ... Es ist ein bestän-
diges Ringen um den richtigen Weg. Doch weiß ich, dass Jesus die
Volksgruppe noch viel mehr am Herzen liegt als mir. Und es ist
seine Sache, wie er und durch wen er sie mit seiner Liebe erreicht.

Simone pendelte nun zwischen Deutschland, wo sie unterrichtete,
Kabul, wo sie ihr Büro und eine Wohnung hatte, und dem *Khiva*-Tal, in dem das Sprachprojekt noch nicht abgeschlossen war,
in gewissen Abständen hin und her. Sie hätte es so gern zu Ende
gebracht. Es fehlte nicht mehr viel. In dieser Zeit wurde Simone
gefragt:

»Warum lohnt es sich, sich auch dann für Jesus einzusetzen,
wenn es gefährlich oder scheinbar fruchtlos ist?«

Sie antwortete: »Weil Jesus Christus alles in allem ist und weil
es sich lohnt, mit ihm zu leben und mit ihm zu sterben – egal, wo.«

Im Februar 2016 machte sich Simone mit einer Kollegin ins Tal
auf, obwohl sie Lähmungserscheinungen am Vorderfuß hatte, die
sie etwas einschränkten und beunruhigten. Die Ärzte vermuteten
eine Verletzung oder Entzündung der Nerven im Bein oder in der
Wirbelsäule. Für die Hin- und Rückreise verbrachten sie fast fünfzig Stunden im Auto und zwei Stunden im Flugzeug, weil sie über

ein anderes Land einreisen mussten. Dieser große Umweg war natürlich für den geschädigten Rücken von Simone eine Tortur.

Im Tal wollte sich Simone mit ein paar *Khiva* über einige knifflige Fragen rund um das Alphabet und die Rechtschreibung beraten. Sie sollten selbst darüber entscheiden, wie was geschrieben werden sollte. Interessierte aus allen Dörfern des Tales konnten an der Konferenz teilnehmen. Insgesamt kamen fast sechzig Personen zusammen, die fruchtbare Gespräche und Diskussionen miteinander führten. Es konnten nicht alle Probleme abschließend geklärt werden, aber es gelang doch ein großer Schritt vorwärts. Das Treffen war bei der Regierung angemeldet und von ihr genehmigt worden. Einer der lokalen Bildungsbeamten, der das Treffen miterlebte, war sehr beeindruckt. Er hatte Simone in der Vergangenheit zwar nie Steine in den Weg gelegt, aber sich auch nicht sonderlich bemüht, die Arbeit voranzutreiben. Nun bedankte er sich zum ersten Mal bei Simone nach all den Jahren der Arbeit in diesem Tal. Das verblüffte sie, grenzte es doch an ein Wunder, Lob und Dank von einem Staatsbeamten zu erhalten. Hatte er inzwischen erfahren, wie krank sie gewesen war? Immerhin erlebte er, dass die Dorfbewohner ganz hinter dieser Arbeit der Ausländer standen. Das zeigten sie dem Beobachter auch durch die rege Beteiligung nicht nur an diesem Treffen, sondern auch in den Vorschulklassen und allen anderen Kurs-Angeboten. Und wenn es nötig war, schaufelten sie auch die Landebahn frei, wenn der Schnee sie zugedeckt hatte. Es nützte aber nichts. Die Lizenz wurde der Fluglinie nicht mehr erteilt.

Außerdem nutzten Simone und ihre Kollegin ihre Möglichkeiten, mit den einheimischen Lehrern zu sprechen und sie zu ermutigen, die Arbeit fortzuführen; auch die Gehälter konnte Simone auszahlen, was ein nicht zu unterschätzender Faktor der Motivation war. Nach erneuten Schwierigkeiten konnte sie Ende Oktober 2016 wieder ins Tal reisen. Unter anderem schrieb sie damals:

> In all dem halte ich mich daran fest, dass Christus die Khiva ja viel mehr liebt, als ich sie je lieben kann, und dass er mit ihnen zum Ziel kommt, egal, ob ich in ihr Gebiet reise oder nicht.

Für die Wohnung, die Simone in Kabul bewohnte, lief der Mietvertrag ab. Obwohl zwei Kolleginnen wegen Studium und Heimataufenthalt aktuell nicht im Haus wohnten, wollte der Vermieter die Miete zunächst nicht reduzieren. Er wollte die Wohnung wieder komplett vermieten. Doch dann ging er schließlich auf Simones Wünsche ein. Sie konnte die ganze Wohnung behalten, und er reduzierte sogar die Miete. Simone genoss es, zwischendurch mal allein zu wohnen. Dabei kamen ihr folgende Gedanken in den Sinn:

> Mir fiel mal wieder auf, wie sehr wir Menschen darauf angelegt sind, ein Zuhause zu haben. Vielleicht ist dieses Bedürfnis ja schon ein Anklang auf das ewige Zuhause im Himmel, wo es dann endgültig gestillt ist. Und immer wieder erfahren wir ja auch jetzt schon etwas von dieser Realität in der Gegenwart Jesu.

Ahnte Simone, dass ihr Wandern zwischen den irdischen Wohnungen mit wenig Gepäck bald ein Ende haben würde? Dass sich ihre endgültige Wohnung schon abzeichnete?

Im selben Brief schilderte sie auch wieder die instabile Situation durch die Betreuung der NGO vor Ort, die schwierige logistische Probleme zu meistern hatte. Dies lässt sich nicht mit deutschen Verhältnissen vergleichen und beurteilen. Im Grunde schwebte immer ein Damoklesschwert über Simone: Sieht die neue Leiterin der Organisation eine Möglichkeit, die Arbeit fortzuführen oder muss sie aus vielerlei Gründen doch ganz beendet werden? Wie auch immer: Die Entscheidung war mehr als schwer. Simone notierte dazu:

Mir wird immer wieder eine einfache Wahrheit bewusst: Ich kann nicht warten, bis alle Unsicherheiten und Schwierigkeiten vorbei sind, um Frieden in mir und Frieden in der Gegenwart Gottes zu finden – sondern genau mittendrin in allen Herausforderungen und Unsicherheiten will und muss ich immer wieder um den Frieden Christi ringen! Die Vorläufigkeit unseres Lebens auf der Erde bringt nun einmal Unsicherheiten mit sich. ... Je mehr ich mit mir und mit meiner Situation im Frieden bin, je mehr ich bei mir selbst zu Hause bin, desto mehr bin ich auch mit Christus im Frieden und bei Christus zu Hause – weil er ja in mir wohnt.

Im Dezember 2016 organisierte Simone mit einem kleinen Team eine Weihnachtsfeier in Kabul für die einheimischen Kollegen aus den verschiedenen Projekten. Dazu wurde nach guter afghanischer Sitte viel vorzügliches Essen vorbereitet, *Qobile Palau* und ähnliches, Geschenke wurden liebevoll ausgedacht und eingepackt und aus Sternen wurden Kränze hergestellt, die dann die Türen der verschiedenen Büros zierten. Immerhin hatten sich um die sechzig Personen zur Feier angemeldet. Simone hatte die Aufgabe bekommen, die Weihnachtsgeschichte aus Matthäus und Lukas zu lesen, aber auch Abschnitte aus dem Propheten Jesaja. In einem Brief von ihr heißt es dazu: *Dort stehen klare Worte. Die Lesung ist etwas gewagt … Aber ich denke, ich habe die schönste Aufgabe von allen. Bitte betet für geistlichen Schutz und für vorbereitete und offene Herzen unter dem Hören des Wortes.* Es ist ja allein das Wort, das Glauben wirkt. Das war Simone bewusst. Und sie hielt die Zeit, es ausführlicher zu sagen, für gekommen. Wir erfahren nichts darüber, was für Reaktionen es darauf gab.

In der Folgezeit ging es auf und ab mit Plänen, endlosen Behördengängen, Rückschlägen, aber auch mit Erfolgen im Blick auf das *Khiva*-Wörterbuch – eine scharf gezackte Kurve der Enttäuschungen und Fortschritte. Im April 2017 konnte Simone von einem *echt tollen Fortschritt* berichten:

Wir haben nun einen Vertrag mit der Regierung! Nämlich mit dem Ministerium für Information und Kultur. Das hat nach nur ein paar wenigen Besuchen dort funktioniert. Dafür bin ich sehr dankbar, denn die Verträge, die meine Kollegen mit anderen Ministerien aushandeln, brauchen oft Monate und sehr viel mehr Besuche! Ich hoffe, dass sich die Beziehung zum Ministerium gut entwickelt.

Auch euch wünsche ich gelingende Pläne – und gleichzeitig, dass ihr alles Denken und Planen in offenen Händen halten und Christus anbefehlen könnt!

Am 12. Mai 2017 schickte Simone noch einmal eine Nachricht an ihre Freunde durch den Äther, die zeigt, wie unberechenbar die sich ständig verändernde Lage war:

Wir haben die Reise ins Tal abgesagt. ... Das Durcheinander wurde immer größer und wilder. Es geht um grundsätzliche Beziehungen zu den Ministerien und dem Büro des Gouverneurs ... und die Erlaubnis, überhaupt Vorschulklassen wieder anbieten zu dürfen. Dabei wurden schwerwiegende Unwahrheiten und Verleumdungen verbreitet. Dagegen hatte ich eine gute Begegnung mit dem Kulturminister hier in der Hauptstadt. Ich habe ihm den Entwurf eines Buches mit Gedichten aus dem Tal vorgelegt, das wir drucken wollen. Es hat ihm gut gefallen und er hat die Genehmigung dafür erteilt. Dafür bin ich dankbar.

Die Unklarheiten und Unsicherheiten haben mich erneut viel Kraft gekostet. Und wir müssen nun andere Wege finden, um die anstehenden Dinge im Tal zu erledigen – wie z. B. Gehälter bezahlen! Doch letztendlich will ich die ganze Planung, die Arbeit und vor allem die Menschen dort immer wieder in Gottes gute Hand zurücklegen und vertrauen, dass er Wege findet, sich um die Menschen dort zu kümmern – und dass er mich tatsächlich nicht dafür braucht!

Morgen, am Samstag, fliege ich für eine Woche in den Norden, um mich weiter mit den Kollegen zu besprechen. Mitte Juni komme ich dann wieder zum Unterrichten nach Deutschland. Darauf freue ich mich sehr!

Simone kam am 20. Mai 2017, an einem Samstagnachmittag, fröhlich nach Kabul zurück. Sie war froh, dass der Flug und die anschließende Fahrt durch die Stadt zu ihrem Haus in der Wohnanlage so reibungslos vonstattengegangen waren. Barfuß, mit einer Tüte frischem Gemüse im Arm, ging sie in den Garten, der vom Compound umschlossen war. Dort blühten die Rosen in voller Pracht und ihr betörender Duft hing schwer in der Luft. Bald würde der Wind wieder anfangen, heftig zu wehen. Simone winkte einer Kollegin von der Haustür aus noch einmal zu, ehe sie dahinter verschwand. Mit einer anderen Kollegin war sie zum Abendessen verabredet. Die beiden wollten eine landestypische Gemüsepfanne zubereiten und sich ausgiebig unterhalten.

Gegen 21 Uhr Ortszeit stand eine Mitarbeiterin vor der Tür von Helen Viersen und ihrer Kollegin, die auch im Compound wohnten. Sie war sehr besorgt, weil sie Simone telefonisch nicht erreichen konnte. Außerdem war alles dunkel im Haus. Die drei Frauen machten sich umgehend auf den Weg. Es waren nur wenige Schritte bis zur Wohnung der Freundinnen. Die Tür stand offen. Das war kein gutes Zeichen. Helen ahnte, dass etwas nicht stimmte. Sie ging allein nach oben und schaltete das Licht an. Augenblicklich wurde sie von Entsetzen gepackt. Auf dem Herd stand noch die Pfanne mit dem restlichen Gemüse. Der Tisch – ein Tuch auf dem Boden – war nicht abgeräumt. Einige Dinge waren umgestoßen, lagen wahllos auf dem Boden herum. Dann sah sie Simone – in ihrem Blut liegen. Drei Schusswunden entstellten ihr Gesicht. Helen erkannte sie aber an ihrer Kleidung. Mutig suchte Helen Viersen noch in den anderen Zimmern nach der Kollegin. Vergeblich. Dann lief sie schnell die Treppe hinunter und rannte mit den beiden wartenden Kolleginnen zurück in ihre Wohnung, um zum Telefon zu greifen.

Für solche Ereignisse war ein bestimmtes Vorgehen festgelegt. Helen informierte den lokalen Chef ihrer NGO, dann die Polizei, die den ermordeten Wächter fand und den Fall untersuchte. Auch die Leitung in Deutschland wurde noch am Abend benachrichtigt. Das afghanische Innenministerium schaltete sich ein. Schonend wurde das Verbrechen der Familie von Simone mitgeteilt. Im Eckhaus in Dettingen konnten die Angehörigen die Nachricht kaum fassen.

In Kabul nahmen die Dinge inzwischen ihren Lauf. Die deutsche Botschaft wurde unterrichtet. Dort versammelten sich nicht lange nach dem Mord 25 Mitarbeiter und Mitarbeiterinnen. Für sie wurde umgehend ein Flug nach Deutschland gebucht. Presse und Fernsehen trafen ein. Die allgemeine Erregung war groß. Es war ein entsetzliches Verbrechen, das bis heute noch nicht aufgeklärt ist. Nach der entführten Kollegin wurde fieberhaft gesucht.

Simones Leichnam wurde nach Deutschland überführt. Die Nachricht von Simones Tod verbreitete sich rasch unter ihren Weggefährten und Freunden. Bundespräsident Frank-Walter Steinmeier drückte der Familie seine Anteilnahme aus, ebenso der damalige Außenminister Sigmar Gabriel. Zur Beerdigung fanden sich um die 300 Freunde und Bekannte, Unterstützer und Beter ein; sie kamen aus dem In- und Ausland. Wer nicht kommen konnte, schickte Briefe, um die Familie zu unterstützen. Ebenso versammelten sich die Leiter der verschiedensten Organisationen, mit denen Simone zusammengearbeitet hatte.

Der Trauergottesdienst, den Pfarrer Harald Grimm hielt, fand in der Stiftskirche in Dettingen statt, von wo aus Simone so oft ausgesandt worden war zum Dienst für Jesus, ihren Herrn. Sie hatte sich von so vielem gelöst, hatte sich mit anderen zusammen senden lassen »wie Schafe unter Wölfe« (Matthäus 10,16). Sie hatte um die Gefahren ihres Dienstes gewusst und sich auch entsprechend umsichtig und klug verhalten. Und doch war nun ihr Dienst abrupt beendet worden.

Die Mutter von Simone war schwer getroffen, da auch ihr Mann schon seit längerer Zeit sehr krank war und an den Ereignissen gar nicht mehr Anteil nehmen konnte. Und doch konnte sie sagen: »Wir sterben nicht aufgrund äußerer Vorkommnisse, wir sterben am Willen Gottes.« Das war tapfer. Das war Gottvertrauen trotz tiefem Schmerz.

Als die verschleppte Kollegin später freikam, konnte sie sich nicht mehr an viel erinnern. Die Betäubung hatte zu schnell eingesetzt. Aber dass Simone dreimal »Jesus!« gerufen hatte, das hatte sie nicht vergessen. Magdalene, die jüngste Schwester von Simone, sagte dazu: »Sie hat Jesus gerufen. Er kam und hat sie zu sich genommen.«

Simone wurde 44 Jahre alt.

Nun ist die Geschichte von Simone Beck zu Ende erzählt. Darüber ist es wieder November geworden. Die Rotbuche vor meinem Fenster wehrt sich noch, ihr rostbraunes Kleid abzuwerfen. Aus dem Tal herauf quillt dichter weißer Nebel und hüllt das schwere Geläut des Münsters in weiche Klangkissen. An den dünnen Ästen der jungen Birke, die sich von rechts vor mein Fenster schiebt, hängen Regentropfen, aufgereiht wie eine funkelnde Perlenkette. Für mich wirken sie heute wie erstarrte Tränen.

Während ich die Trauer jener Tage still nachempfinde, steigt Musik aus meiner Seele auf, verbunden mit einem Text, der die Musik trägt:

Es ist genug,
Herr, wenn es dir gefällt,
so spanne mich doch aus.
Mein Jesus kömmt!

Nun gute Nacht, o Welt!
Ich fahr ins Himmelshaus,
ich fahre sicher hin mit Frieden;
Mein feuchter Jammer bleibt darnieden.

Es ist genug!

Johann Rudolf Ahle [10]

Alban Berg zitiert diesen Bachchoral in seinem Violinkonzert, das er nach dem Tod der achtzehnjährigen Manon, einer Tochter von Alma Mahler-Werfel, in größter Erschütterung geschrieben hat. Ich höre es mir heute ganz an.

Im zweiten Satz dieser Zwölftonmusik verschachteln sich die Harmonien kompliziert in- und durcheinander. Dies stellt mir noch einmal all die Wirren und das Chaos der letzten Jahre im Leben von Simone Beck vor Augen: all die Enttäuschungen und Kämpfe, die Anfechtungen und Zweifel, die an ihr nagten, deren verheerende Auswirkungen sie aber immer wieder mit Glauben und beispielloser Tapferkeit zu überwinden suchte.

Wie nahe sie mir kam, während ich ihr nachspürte, ihr über die Schulter schaute, ihr zuhörte und ihre Lebensgeschichte niederschrieb! Wie vertraut sie mir wurde, während ihr bewegtes, entbehrungsreiches Leben an mir vorüberzog!

Jetzt höre ich, wie die Solo-Violine Teile des Chorals zitiert: Es –
ist – genug. Zaghaft erst, kurze Tonfolgen hängen in der Luft, dann
wird das Liedmotiv immer klarer, immer gewisser angestimmt. Die
aufsteigende Ganztonreihe der Melodie passt wunderbar in die
Musik und wird von vielen als Himmelsleiter interpretiert. Wie eine
Orgel lässt nun Alban Berg das klassische Orchester erklingen, das
die Violine unterstützt und den ganzen Choral wie selbstverständlich in großer Ruhe wiedergibt.

Es ist genug. Herr, wenn du willst, so spanne mich doch aus ... Er hat
sie ausgespannt aus dem Joch intensiver Arbeit, hat ihr das Kreuz
abgenommen, das sie nach seinem Willen getragen hat, hat sie
unerwartet plötzlich aufgenommen ins »Himmelshaus«.

Der, der sie gesandt hat, ließ sie nicht ohne Verheißung gehen:
*Nicht ihr habt mich erwählt, sondern ich habe euch erwählt und
bestimmt, dass ihr hingeht und Frucht bringt und eure Frucht bleibt*
(Johannes 15,16). So ist alles, was zurückbleibt, in seiner Hut.
Nicht nur die geleistete Arbeit, sondern auch wir, die wir noch
hier sind und uns von Simones Hingabe an Christus anspornen
lassen wollen.

Die Glocken des Münsters sind inzwischen verstummt. Der
Choral ist verklungen. Ich bleibe in der Stille zurück und schließe
diese Seiten. Dabei habe ich die Bitte, dass Gott jeden Leser segnen,
berühren und ermutigen möge.

NACHWORT
von Pfarrer Harald Grimm

Zur Dettinger Stiftskirche gehört die Pankratiuskapelle, an deren Eingang sich die Jahreszahl ihrer Erbauung befindet: 1494. Pankratius, so wird erzählt, wurde um das Jahr 290 im damaligen Phrygien in Kleinasien als Sohn eines vermögenden Römers geboren. Sehr früh wurde er Waise und bald auch Christ. Im Jahr 303 zog er offensichtlich mit seinem Onkel Dionysios nach Rom und half dort mit seinem ererbten Vermögen den verfolgten Christen und deren Familien, die unter Kaiser Diokletian Schlimmes zu erleiden hatten. Nach dem Tod des Onkels wurde Pankratius selbst aufgrund eines Verfolgungserlasses verhaftet und vor den Kaiser gestellt. Doch der 14-Jährige ließ sich nicht vom Glauben abbringen und wurde deshalb im Jahr 304 öffentlich enthauptet. Der Missionsbischof Bonifatius machte im 8. Jahrhundert das Leben und Sterben von Pankratius unter den Germanenstämmen bekannt. Pankratius wurde daraufhin sehr verehrt, und so wurde im Mittelalter in Dettingen an der Erms eine Pankratiuskapelle erbaut. Diese war und ist für mich gleichsam eine in Stein gemeißelte Predigt, Jesus voll und ganz nachzufolgen, leidenschaftlich, mit Hingabe und mit allen Konsequenzen.

Ich hätte mir allerdings nie träumen lassen, dass während meiner Zeit als Dettinger Pfarrer sich Vergleichbares in unserer Gemeinde ereignen könnte. Doch genau das geschah, als Simone Beck am 20. Mai 2017 in Kabul erschossen wurde. Simone war sich der Gefahr ihres Dienstes stets bewusst. Aber sie wusste sich von Jesus zu ihrer Arbeit berufen, und sie wollte ihm nachfolgen und ihm dienen, selbst wenn dies mit der Hingabe ihres Lebens verbunden sein sollte. Regelmäßig trafen wir uns in ihrem Heimataufenthalt, um uns auszutauschen und alles miteinander im Gebet unserem Herrn hinzulegen. Und dazwischen gab es E-Mails, in denen wir Glauben und Leben teilen konnten. Simone war eine Ermutigerin! Sie wollte und konnte Mut machen, Jesus Christus zu vertrauen, mit ganzer Hingabe und ganz praktisch in den Herausforderungen des Lebens. Dabei war uns beiden wichtig, auch die schwierigen Lebenserfahrungen nicht zu verschweigen: Lebensführungen und Lebensschicksale, die nicht zu verstehen sind. So schrieb sie mir in einer E-Mail am 11. März 2017:

Ich wünsche Euch immer wieder viel Vertrauen, und dass ihr in allem Fragen tiefen Frieden und ein Zuhause findet in der Gegenwart Gottes! Und ich bete auch weiterhin dafür, dass sich die offenen Fragen klären! Danke für Deine ausführliche Antwort zum Thema »Gottes unerklärliche Führungen«. Oft müssen wir sicher einfach eingestehen, dass wir ratlos davorstehen, wie Gott Menschen schwierige Wege führt, die sie eher weiter von ihm wegbringen als näher zu ihm hin – und warum er in Schwierigkeiten nicht eindeutiger zu ihrer Seele spricht, nicht fassbarer gegenwärtig ist und nicht spürbarer tröstet! Doch mir fällt immer mehr auf, dass ja nicht nur das, was wir erleben, unser Leben und unsere Prägung ausmacht, sondern auch, wie wir es einordnen und damit umgehen. Gutes und Schwieriges können uns näher zu Jesus bringen oder weiter weg – doch selbst, wenn wir Schwieriges fruchtbar verarbeiten, empfinde ich das einzig als Christi Gnade. Und wir wissen alle nicht, wie wir in zukünftigen Herausforderungen und Schwierigkeiten reagieren werden. Vielleicht bewegen mich diese Dinge ja, weil ich in meinem Leben das heilende und verändernde Reden Christi in der Tiefe meiner Seele erlebt habe. Doch wenn ich mit Kollegen und Freunden rede, dann höre und spüre ich, dass das nicht bei allen und immer in dieser Weise geschieht, und es schon gar nichts ist, was wir irgendwie produzieren oder gar erzwingen könnten. Ich stehe verblüfft staunend vor dem Ausmaß seiner Gnade mir gegenüber, aber ich frage mich, warum er nicht öfter so tief greifend und klar redet bzw. wie ich anderen helfen kann, die Stimme Jesu zu hören! Und oft muss ich einfach anerkennen, dass Christus anders ist als meine Vorstellungen, und dass er souverän ist ...

Im 11. Kapitel des Hebräerbriefes ist die Rede von der sogenannten »Wolke der Zeugen«. Da werden bekannte und weniger bekannte Menschen des Alten Testamentes erwähnt, die mit Hingabe und Leidenschaft Gott nachfolgten, einschließlich der Bereitschaft, das Leben für ihn hinzugeben: Abraham ist dabei, auch Noah und Rahab, Gideon und David. Diese Wolke der Zeugen ist zwischenzeitlich noch viel größer geworden: Stephanus gehört dazu, Jakobus, Petrus und Paulus, Pankratius ebenso wie Jan Hus, Dietrich Bonhoeffer und viele weitere. Seit dem 20. Mai 2017 gehört auch Simone Beck zu der Wolke der Zeugen.

Und dann lesen wir in Hebräer 12,1-2:

Darum auch wir: Weil wir eine solche Wolke von Zeugen um uns haben, lasst uns ablegen alles, was uns beschwert, und die Sünde, die uns umstrickt. Lasst uns laufen mit Geduld in dem Kampf, der uns bestimmt ist, und aufsehen zu Jesus, dem Anfänger und Vollender des Glaubens.

Deshalb ist Simone für mich, aber sicher auch für viele andere, in ganz neuer Weise zu einer Ermutigerin geworden, die vom Himmel her, aus der Wolke der Zeugen, uns, die wir noch auf der Erde unsere Wege gehen, zuruft: Vertrau doch Jesus! Lege bei ihm im Gebet alle Lasten ab. Und dann geh deinen Weg als Christ entschlossen und mutig. Lebe deine Berufung mit ganzer Hingabe. Und sei bereit, Jesus Christus ganz und mit Ausdauer nachzufolgen. Er will auch bei dir Anfänger und Vollender deines Glaubens sein. Und er wird dich zum Ziel bringen.

So danke ich meinem Gott – bei allem Schmerz – für das Zeugnis des Lebens und Sterbens und Glaubens von Simone Beck.

Harald Grimm
Pfarrer der Evangelischen Kirchengemeinde Dettingen/Erms
von 2007 bis 2019.

SIMONE BECK:
Ein Gedicht über die Größe Gottes – Andacht zu Jesaja 40,12–31

Als Kinder transportierten wir Wasser in der hohlen Hand – auch heute kann ich nicht mehr als ein paar Milliliter tragen. Die Wasser der Weltmeere haben etwa 1,37 Milliarden Kubikkilometer Wasser.

Jesaja fragt: »Wer misst das Wasser mit seiner hohlen Hand?«[1]

Die Spanne meiner Hand ist ca. 21 cm lang, die Entfernung im All kann man damit nicht messen: Der Mond ist 384 000 Kilometer von der Erde entfernt, die Sonne 150 Millionen Kilometer, das Universum ist noch viel größer.

Jesaja fragt: »Und wer bestimmt mit seiner Spanne die Weite des Himmels?«

In Kabul gibt's viel Staub auf den ungeteerten Straßen und wegen der Trockenheit, man hat ihn zwischen den Zähnen und in den Ohren.

Jesaja fragt: »Wer misst den Staub der Erde in einem Messbecher?«

Wenn ich über Afghanistan fliege, dann bin ich beeindruckt vom Gebirge, die Berge sehen stark und unbeweglich aus.

Jesaja fragt: »Und wer wiegt mit einer Waage die Berge, und die Hügel mit Waagschalen?«

Die Antwort ist: Gott. Gott ist groß und majestätisch, er ist der Schöpfung weit überlegen, sie ist so verschwindend klein für ihn wie ein paar Milliliter Wasser für uns. Die Schöpfung bezeugt ihren Schöpfer. Die Natur, der Wald, der Himmel, das Meer erzählen uns, wie groß Gott ist, wie majestätisch.

Jesaja fährt fort: »Wer ermisst das Wesen Jahwes? Und welcher Ratgeber belehrt ihn? Mit wem hat er sich beraten, und wer unterrichtet ihn? Wer weist ihm den Pfad der Gerechtigkeit, und wer lehrt ihn Wissen, und wer zeigt ihm den Weg der vollkommenen Weisheit? Die Völker sind doch wie ein Tropfen, der vom Eimer fällt. Sie sind so unbedeutend wie ein Staubkorn auf einer Waagschale. Die fernen Länder schweben doch nach oben wie Staubflocken. Selbst die Bäume des Libanons genügen nicht für ein Feuer auf dem Altar. Und seine Tiere reichen nicht aus für ein Brandopfer. Alle Völker sind Gott gegenüber so, als existierten sie nicht. Im Vergleich zu ihm zählen sie weniger als nichts.« [Verse 12-17]

Es gibt zwischen 13 000 und 27 000 Volksgruppen in der Welt, das hängt davon ab, wie man zählt. Sie haben verschiedene Sprachen und Traditionen. Doch sie sind nichts im Vergleich zu Gott. Wenn ein Eimer vom Brunnen hochgezogen wird, dann kann es sein, dass dabei ein Tropfen Wasser vom Eimer zurück in den Brunner fällt. Wer kümmert sich schon darum? Wenn ein Apotheker auf einer

Waage die Zutaten für ein Medikament abmisst, dann wischt er zuvor den Staub von der Waagschale. Wer kümmert sich darum, was mit dem Staub geschieht? Diese Macht, diesen Einfluss haben alle Völker zusammen im Vergleich zu Gott. So groß ist Gott. Das Volk Israel (Juda), an das sich der Jesaja-Text richtet, wird von seinen Nachbarvölkern bedrängt und bedroht. Jesaja erinnert es daran, was für einen großen Gott es hat, auf den es vertrauen soll. Die Feinde Israels sind ihm weit unterlegen. Gott ist größer als die Völker.

»Also, mit wem vergleicht ihr Gott? Und welches Bild ist ihm gleich? Etwa ein Götterbild? Das gießt doch der Handwerker! Der Goldschmied überzieht es mit Gold und versieht es mit silbernen Ketten. Wer nicht viel geben kann, der wählt Holz, das nicht verfault. Er sucht sich einen begabten Handwerker, der stellt das Götterbild so auf, dass es nicht wackelt.« (Verse 18-20)

Das Material, aus dem der Götze besteht, hängt vom Reichtum seines Besitzers ab. Das klingt lächerlich: Anstatt Reichtum zu verschenken, braucht er den Reichtum des Menschen. Es wirkt lächerlich, wenn der Götzenhersteller aufpassen muss, dass sein Gott nicht wackelt, anstatt dass er selbst Standfestigkeit von seinem Gott erhält. So etwas hat der Gott Israels – unser Gott – nicht nötig. Gott ist größer als die Götzen.

»Wisst ihr es denn nicht? Wurde es euch nicht von Anfang an bekannt gemacht? Könnt ihr es nicht verstehen, wenn ihr die Schöpfung betrachtet? Gott thront über der Erde von Horizont zu Horizont.

Und ihre Bewohner sind wie Heuschrecken. Er breitet den Himmel aus wie ein feines Tuch. Er spannt ihn aus wie ein Zelt, damit die Menschen darunter wohnen. Er gibt die Machthaber der Nichtigkeit preis. Er macht die Herrscher der Welt zunichte. Gerade erst wurden sie gepflanzt. Gerade erst wurden sie gesät. Ihr Schössling ist gerade erst in der Erde verwurzelt. Und trotzdem lässt Gott Wind über sie blasen, so trocknen sie an, und der Sturm trägt sie fort wie Spreu. ›Mit wem vergleicht ihr mich, und wer steht auf gleicher Stufe mit mir?‹, fragt der heilige Gott. Seht nach oben und schaut hin: Wer hat das alles erschaffen? Gott lässt das Heer der Sterne aufmarschieren. Jeden Stern ruft er beim Namen. Wegen Gottes umfassender Macht und großen Kraft fehlt keiner. Warum sagt ihr vom Volk Jakobs – Warum klagt ihr Leute Israels: ›Jahwe kümmert sich nicht darum, auf welchem Weg wir gehen. Unser Gott nimmt keine Notiz davon, wenn wir nicht zu unserem Recht kommen.‹« [Verse 21-28]

Mir kommen diese Fragen bekannt vor. Gott ist immer anders als ich und größer, als wir uns das vorstellen können. Gott ist größer als die Schöpfung, die Götzen, die Machthaber und das Universum. Doch deshalb scheint er uns auch manchmal fern und unbegreiflich, unverständlich für uns. Gott handelt anders, als wir es erwarten. Wir werden so oft damit konfrontiert, wenn wir in den Medien von den Naturkatastrophen hören: Erdbeben, Hochwasser, Dürre. Wir werden nie eine befriedigende Antwort auf die Frage finden, warum Gott das zulässt. Genauso die von Menschen verschuldeten Katastrophen: Krieg, Kriminalität, Selbstmordattentate, gerade in Afghanistan. Manche sagen, wir können Gott nicht dafür verantwortlich machen, was Menschen anrichten. Aber Gott, für den Menschen wie Heuschrecken sind, könnte böses Handeln rechtzeitig verhindern. Er tut das bestimmt oft, doch das erfahren wir nicht. Es gibt keine Erklärung für das Leid der Welt, außer, dass wir in einer gefallenen Welt leben. Das ist kein Trost. Ein Trost ist allerdings, dass wir nicht für immer in einer gefallenen Welt leben werden, nur in diesem Leben. All diese Übel mögen uns für einige Zeit belasten, doch viel näher geht uns ja immer, was uns selbst betrifft, unsere Familie, Menschen, die uns nahestehen. Da sind Krankheit, Tod und Leid, aber auch Enttäuschungen und Misserfolge. Doch Gott ist unendlich souverän, unendlich viel größer als wir. Wir können ihn nicht zur Rechenschaft ziehen, nicht ausrechnen, wie er handeln wird, wir können ihn nicht manipulieren, nicht irgendwie auf unsere Seite ziehen, einen Handel mit ihm abschließen, ihn mit unseren klugen Argumenten überzeugen. Gott schuldet uns nicht, dass es uns gut geht. Wir aber müssen lernen, mit mehr ungelösten als gelösten Fragen zu leben, damit zu leben, dass wir Gott oft nicht verstehen. Gott, der die Menge des Wassers, die Weite des Himmels, die Menge des Staubs und die Zahl der Berge und Hügel misst, muss sich uns nicht erklären.

Es gibt auch eine andere Seite zu Gottes Größe: Augustin sagte: »Wenn wir ihn verstehen würden, dann wäre er nicht Gott.« Wenn er in unser kleines Schema, in unseren Verstand passen würde, dann wäre er ja nicht größer als wir, dann würde er in die gleiche Kategorie passen und könnte uns nicht helfen, uns nicht retten aus unseren Sünden. Wir müssen es nicht einmal versuchen, Gott zu verstehen. Das befreit mich, ich muss nicht krampfhaft nach Antworten suchen, wo ich ehrlicherweise keine finde! Weil Gott Gott ist, beten wir ihn an. Und obwohl wir Gott nicht verstehen, wissen wir doch viel über ihn, weil Gott sich selbst offenbart, sich uns bekannt gemacht hat durch die Schöpfung, durch sein Wort, durch seinen Geist.

Gott will, dass wir ihn kennenlernen. Gott ist geduldig mit uns in unserer Not damit, dass wir ihn nicht verstehen. Er versteht uns, wenn wir ihm unser Leid klagen, ihn anklagen. Gott will, dass wir ehrlich ihm gegenüber sind. Gott ist anders, aber er ändert sich nicht. Gott handelt nicht willkürlich. Weil Gott so groß ist, ist er uns näher als die Luft, die wir atmen, realer als die Dinge, die wir um uns sehen, mehr verwoben in unser tägliches Leben, als wir uns das vorstellen könnten – ob wir es spüren oder nicht.

»Wisst ihr es denn nicht? Habt ihr es denn nicht gehört? Gott war schon immer und wird ewig sein. Vom einen zum anderen Ende der Erde hat Jahwe alles erschaffen. Er wird nicht müde. Er wird nicht erschöpft. Gottes Weisheit kennt keine Grenzen. Gott schenkt den Müden immer wieder neue Lebenskraft. Er erneuert die Stärke der Kraftlosen. Selbst Knaben werden müde und erschöpft, und starke junge Männer stolpern ganz sicher. Denjenigen jedoch, die ihre Hoffnung auf Jahwe richten, schenkt er neue Kraft. Sie fliegen aufwärts wie ein Adler, getragen von seinen Flügeln, sie rennen und werden nicht erschöpft. Sie gehen und werden nicht müde.« (Verse 29-31)

Das klingt wie ein Traum von Leben. Das Wort »hoffen« ist im Hebräischen verwandt mit dem Wort für »gespannte Schnur«. Es handelt sich also um ein gespanntes, erwartungsvolles Hoffen. Und es hat die grammatische Form eines Partizips, das bedeutet, anhaltendes, ausdauerndes Hoffen ist gemeint. Es geht um einen Lebensstil der Hoffnung. Auf was hoffen wir? Hier ist die Hoffnung gemeint, dass Gott uns Lebenskraft für jeden Tag gibt, für die kleinen Dinge des täglichen Lebens. Es geht um die Hoffnung, dass Gott nicht die Kontrolle verliert in all den Dingen des Alltags, die uns beschäftigen. Es geht um die Hoffnung, dass Gott es letztendlich gut mit uns meint, auch wenn wir nicht verstehen, wie es sein kann, dass Gott es gut mit denen meint, die uns wichtig sind, wo er doch scheinbar gar nicht handelt.

Ein Leben in dieser Hoffnung wird mit drei Bildern beschrieben: zuerst der Adler, der mit seinen Flügeln in die Höhe fliegt. Ein Adler fliegt ja nicht aus eigener Kraft, sondern er nutzt die Thermik. Wenn der Wind gegen die Berge weht, dann wird er nach oben getrieben. Das nutzt der Adler, er breitet seine Flügel aus und fliegt nach oben ohne große Anstrengung. Das hört sich sehr einladend für unser Leben an. Gott schenkt das immer mal wieder.

Das zweite Bild: Wir rennen und werden nicht erschöpft.

Das dritte Bild: Wir gehen und werden nicht müde. Das bedeutet keinesfalls, dass Gott von uns Arbeit ohne Unterlass fordern würde. Es bedeutet nicht, dass wir nicht ausruhen und das auch genießen dürften. Und es bedeutet nicht, dass es am mangelnden Glauben und Hoffen liegen würde, wenn wir dann doch übermüdet oder krank werden und nicht mehr weiterarbeiten können. Hier geht es nicht um christliches Leistungsdenken, sondern um geistliches Leben. Das Gehen und sogar das Rennen beschreiben einen ganz normalen Lebensweg. Das Wort wird oft gebraucht für einen Lebensweg, der Gott gefällt. Wir erhalten genug Kraft, um weiterzuleben, Kraft für ein Leben in Gottes Gegenwart.

In all unserer Not damit, dass Gott anders ist, als wir es verstehen können, beweist Gott seine Größe und Liebe zu uns dadurch, dass er uns auf unserem Lebensweg begleitet, dass er uns hilft, auf unserem Lebensweg weiterzugehen in seiner Gegenwart. Wir müssen nicht aus unserer eigenen begrenzten Kraft leben, sondern wir können aus Gottes Kraft leben. Ehrlich gesagt, können wir ja gar nicht unterscheiden zwischen eigener Kraft und Gottes Kraft, denn alle Kraft, die wir haben, ist ein Geschenk Gottes, auch wenn wir gar nicht darüber nachdenken. Doch es ist gut, uns immer wieder bewusst zu machen, dass wir aus Gottes Kraft leben, dass wir in jeder Einzelheit auf ihn angewiesen sind. Dass er Anteil hat an all den kleinen Einzelheiten auf dem Lebensweg. Gott, der größer ist als die Schöpfung, die Völker, die Machthaber, die Götzen, dieser Gott ist auch größer als unsere Kraft- und Mutlosigkeit und lässt uns an seiner Kraft teilhaben. Amen.

WORTE
VON WEGGEFÄHRTEN

Viele Freunde Simones haben nach ihrem Tod an die Familie geschrieben, was Simone ihnen bedeutet hat. Im Folgenden einige Auszüge, zum Teil aus dem Englischen übersetzt[12].

Sie hatte immer ein lächelndes, schönes und strahlendes Gesicht und jammerte nie. Ich bin sehr traurig, dass sie nie wieder durch die Hügel und Berge vom Hochtal streift. Wir beten, dass Gott zehn oder mehr andere Sprachkundige und Arbeiter findet, die nötig sind, ihren Platz zu übernehmen und ihre Arbeit fortzusetzen.

Wir werden Simone vermissen. Wir sind dankbar, dass sie zu uns kam, um uns zu unterstützen, und danken Gott für ihr Leben. Wir beten zu Gott, dass er Euch in dieser Zeit des Verlustes trösten möge. Seid gesegnet, ...

كابل

Zunächst möchten wir Euch unser tiefstes Mitgefühl zu dem traurigen Verlust ausdrücken. Wir trafen Simone das erste Mal im Mai 2011 und waren Mitglieder im gleichen Team bis April 2014. Sie war außerordentlich sprachkundig und ihre Entwicklungsarbeit zur Sprache der Khiva wird weiterleben. Sie war engagiert, einsatzfreudig und entschlossen und arbeitete mit großer Liebe bei »ihren

Khiva«. Sie war eine fähige Theologin, und ihr Leben verkörperte ihren Glauben. Sie war eine Frau des Gebets.

Auf privater Ebene fanden wir in ihr eine gute Zuhörerin. Wir genossen ihre Kuchen, ihren Kaffee und ihre Schokolade. Simone bestand nicht nur aus Arbeit. In Ruhezeiten liebte sie es, spazieren zu gehen und zu laufen, und sie spielte auch gern Gesellschaftsspiele – und gewinnen wollte sie ebenfalls gern! In Hoffnung auf Christus grüßen Euch …

Sie sehnte sich nach Gottes Nähe. Im vergangenen Jahr schien sie Jesus näher und näher zu kommen; sie sprach oft von Christus in mir und Christus mit mir.

كابل

In vieler Hinsicht lebte sie ein schwarz-weißes Leben, aber sie erlaubte anderen eigene Ideen und Meinungen. Sie war unabhängig und von großer Willensstärke, aber nachsichtig mit anderen. Das wurde von ihrem Team geschätzt.

كابل

Was wir teilen durften:

- Leckere Fladenbrote, die jeden Abend warm vom Nachbarn geliefert wurden.
- Freude am wunderschönen Hochtal bei kleinen Wanderungen.
- Liebe zu diesem Fleck Erde und den Menschen, die dort leben.

- Zeiten des Gebets für diese Menschen.
- Fröhliche Momente des Zusammenseins, zum Beispiel auf deiner Terrasse.

Das hat mich beeindruckt:
- Deine Geduld und dein Verständnis beim Unterrichten von Einheimischen.
- Der logische Aufbau und die exzellent eingesetzten Methoden in deinem Unterricht.
- Dein einfacher Lebensstil und deine Kreativität darin.
- Deine Bereitschaft, mit Freude Einschränkungen in Kauf zu nehmen.
- Deine Freude an kleinen Dingen, z. B. an Sprossen, die aufgehen.
- Deine freiheitsliebende Art und wie du es geschafft hast, in dem Käfig der kulturellen No-Gos und Sicherheitsvorschriften dir Freiräume zu schaffen, die jeder akzeptieren konnte. Welche andere Frau in Afghanistan ist joggen gegangen?

Ich danke dir
- dass bei dir der Mensch wichtig war, der gerade vor dir stand. Obwohl ich ein Kurzzeiter war und du viele solche erlebt hast, hast du dich für mich interessiert und viel Zeit mit mir verbracht.
- für Liebe in kleinen Gesten: Dass du mich zum Abflug begleitet hast, hat mir viel bedeutet.
- für dein Vorbild, Jesus zu folgen, egal, was es kostet!

Ich bin froh, dich gekannt zu haben!

Ich war 2010 zwei Wochen im Khiva-Tal. Simone war auch dort. Die Leute erzählten, dass sie dort durch die Berge lief. Wann immer du ihren Namen erwähnst, leuchten die Gesichter der Leute auf. Die ganze Geschichte ihrer erfolgreichen Arbeit muss aber noch erzählt werden. Sie hatte eine große positive Wirkung. Simone wäre es wahrscheinlich unangenehm, wenn sie gute Dinge über sich hören müsste, genauso wie sie es nicht mochte, wenn ihr Team sie zu stark unterstützen wollte. In Liebe mit Euch verbunden, ...

Sie arbeitete hart an diesem Ort. Sie sah die Früchte ihrer Arbeit in diesem Leben nicht. Sie war weder in Deutschland noch in Afghanistan zu Hause – sie wusste, sie hatte eine andere Heimat. Hebräer 11,13-16. Von Herzen, ...

Simone war stark darin, Geburtstage zu feiern. Sie backte verschiedene Kuchen, und wir feierten dann den ganzen Tag. Sie brachte z. B. Kekse von Kabul mit, steckte diese wie einen Kuchen zusammen und zündete darauf Kerzen an. Dies machte sie auch für ihre Mannschaftskameradin ... in diesem Jahr.

Es tut mir so leid, was Afghanistan meinen Freunden antut. Ich werde es zunehmend müde. Simone ist nicht länger besorgt, aber wir sind es. Wir sind einander alle sehr wichtig – Afghanistan hat diese Wirkung auf uns. Wir sind eine Familie! … grüßt Euch.

An die Mutter meiner lieben Schwester,

ich bin sehr glücklich, Simone gekannt zu haben. Nun, wo sie gestorben ist, ist mein Herz schwer. Sie war mir wie eine liebe Schwester. Da sie zu Gott gegangen ist, möchte ich ihrer Mutter und ihren Schwestern schreiben, dass ich bete, dass Gott ihnen Frieden gebe. Ich werde Simone nie vergessen. Sie hat uns so sehr gedient hier im Khiva-Tal. Ihre …

Ich hatte Geburtstag auf einer Wanderung im Hochtal. Ich bekam nicht nur einen Kuchen zum Frühstück – Simone packte zusätzlich noch ein Spezial-Picknick in ihren Rucksack und trug ihn zu einem Picknickplatz, wo wir auch noch feierten. Eine weitere Geburtstagsfeier war abends. Wir feierten also den ganzen Tag lang meinen Geburtstag.

Wir wohnten zusammen im Team-Haus in Kabul. Sie zeigte mir einige von den Khiva-Büchern, die sie verfasst hatte, und ich erinnere mich, dass ich damals dachte, dass ich zukünftig viel von ihr würde lernen können. Das sollte sich bewahrheiten. Ich lernte viel von ihr über Vorschulen und lieh mir manches von ihrem Vorschulmaterial aus für ein Programm, das ich in einer verwandten

Sprache begonnen hatte. Aber darüber hinaus wurde sie zu einer sehr lieben Freundin.

Es war für mich ein Vorrecht, mitanzusehen, wie sie über die Jahre, die ich sie kannte, in Gott wuchs. Als sie uns 2014 verließ, war sie extrem müde und ihr fehlte jeder Enthusiasmus für ihre Arbeit. Wir hatten eine Mehrsprachen-Konferenz, auf der auch sie vortrug, aber es war für sie zu dieser Zeit eine enorme Anstrengung. Es war herzzerbrechend mitanzusehen, wie schwach die sonst so starke und fähige Simone zu dieser Zeit erschien. Als sie jedoch nach einem längeren Heimataufenthalt zurückkehrte, war sie wieder voller Leben und Freude – eine komplett neue Person. Während sie ein paar Tage bei mir wohnte, offenbarte sie meinen Mitbewohnerinnen und mir, wie es ihr vor Gott klar wurde, dass sie glücklich darüber sein könne, geboren worden zu sein.[13] Diese einfache Wahrheit änderte ihr Leben, und dieses Bekenntnis zu hören, beeindruckte uns sehr.

Bei unseren Teamtreffen im März 2016 leitete sie die Gebetsstunden. Ihr großes Thema über die Liebe Gottes war unterteilt in die Themen: »Wissen um die Liebe Gottes«, »Liebe zu sich selbst«, »Liebe zur Kirche« und »Liebe zu der Welt«. Es wurde uns deutlich, dass sie das, was sie weitergab, auch selbst erfahren hatte.

Wenn möglich traf ich mich jede Woche mit ihr, entweder persönlich oder über Skype, um die Dinge der Arbeit und persönliche Angelegenheiten zu besprechen. Sie scheute sich nicht, die wichtigsten Fragen anzusprechen: Wie ist dein Gebetsleben? Was lehrt dich Gott? Ich habe ihre Direktheit vollkommen angenommen, und sie brachte das Gespräch immer wieder auf Jesus.

Ich hatte das Privileg, 2016 eine letzte Reise mit ihr zu den Khiva anzutreten. Meine Freundin und ich begleiteten sie, da sie nicht allein reisen durfte. Während die Reise für uns ein Miniurlaub war, war es dies für Simone überhaupt nicht. Neben ihrer normalen Arbeit beschäftigte sie eine schwierige Situation, die durch ein schlechtes Verhalten eines Kollegen ausgelöst worden war. Ich war beeindruckt von ihrer Nachsicht und Weisheit in dieser Lage und bewunderte sie sehr dafür und hoffte, dass ich eines Tages in einer ähnlichen Situation genauso weise und nachsichtig handeln könnte.

Ich könnte noch eine Menge von Simone erzählen: wie unsere Mitarbeiter ihre Lehren bei mehreren Lehrgängen annahmen; wie sie große Tröge mit Wasser tragen konnte und bei Frostwetter barfuß ging; wie sie nicht einmal die harmlosesten Filme sehen wollte, stattdessen lieber ein Buch las; wie es für mich schier unmöglich war, sie beim Dutch Blitz zu schlagen; wie ihre Hände sich ständig mit Stoffen oder Garn beschäftigten. Die Woche vor ihrem Abschied besuchte sie Faizabad und hielt vor unseren Mitarbeitern einen Vortrag über die Bewältigung von (Lebens-) Krisen.

Wir ahnten kaum, dass sie uns auf ihre eigene endgültige Abreise vorbereitete oder dass ihr Goodbye bei mir im Büro am 20. Mai 2017 ihren endgültigen Abschied bedeutete.

In diesen Tagen der Trauer und Sorgen fühlte ich mein Herz entflammen, Gott zu den Khivas zu bringen. Ich bete zu Gott, dass er möglichst viele bewegen wird, in Simones Fußstapfen zu treten und ihren Dienst dort fortzuführen. Und ich bete zu Gott, dass er die gute Arbeit, die sie begonnen hat, und die Träume und Vorhaben, die sie nicht mehr beginnen konnte, zur Vollendung bringt. Ich vertraue darauf, dass Gott gute Früchte aus dieser Tragödie wachsen lässt.

In der Liebe in Christus verbunden, ...

كابل

Wenn ich an Simone denke, dann sehe ich eine Frau, die lange und tief Sachen durchdenkt, sich eine eigene Meinung bildet (und sie auch verändert, wenn neue Fakten ans Licht kommen), die sich mit den Frohen freut und mit den Trauernden weint. Simone hatte ein großes Herz, das für die verschiedensten Leute offen war. Ein Herz, das Gott weich und liebend gemacht hat. Am Tag bevor sie nach Kabul zurückgeflogen ist, haben wir auf meiner Terrasse zusammen Kaffee getrunken und uns am Grün des Gartens erfreut.

Wenn ich an Simone denke, dann sehe ich eine kompetente Kollegin vor mir. Ob Survey oder Alphabetisierung, Beratung oder Sprachelernen … Simone hat immer das Beste gegeben, Beziehungen gebaut, Daten gesammelt und ausgewertet. Es macht mich so stolz, dass sie auf dem Weg zur Survey-Beraterin war. Es war eine Freude zu sehen, wie sie mit einheimischen Kollegen zusammengearbeitet hat.

Wenn ich an Simone denke, dann sehe ich einen Menschen, den Gott tief berührt hat. Ihre Stärke kam aus ihrer Beziehung mit Gott, aus dem Wissen, von Jesus geliebt zu sein. Diese Liebe Gottes, die ihr Leben durchzogen hat, hat sie gern an andere weitergegeben; nicht aufdringlich, aber freundlich und beständig.

Ein lieber Gruß und viele Gebete, …

كابل

Simone war eine unserer ersten Freundinnen. Wir gingen oft zusammen wandern in unseren Bergen, und sie war immer die Erste auf dem Gipfel. Sie war wie eine Bergziege!

Simone war eine Frau von Professionalität. Jede Predigt, die sie bei unseren Gottesdiensten teilte, war genau durchdacht, und ihre Punkte waren klar und herausfordernd.

Eine andere Sache, an die ich mich erinnere, war ihre Liebe zu den Psalmen. Sie zitierte oft Psalmen und ließ uns über jeden einzelnen Vers nachdenken.

كابل

Daniela, ihre Mitbewohnerin, war auch eine meiner besten Freundinnen, und ich freue mich sehr, dass sie jetzt beide mit allen Heiligen, die vor ihnen hergegangen sind, jubeln können!

Es war eine Ehre für uns, eure Tochter zu kennen. Sie gab ihr Leben für die Menschen Afghanistans. ... Es füllt mein Herz mit Freude zu wissen, dass es Kinder gibt, die jetzt in der Lage sind, in ihrer eigenen Sprache zu lesen und zu schreiben!

Wir denken an euch und euren Verlust, ...

DANK

Mir bleibt zu danken für vielfältige Unterstützung, die ich für dieses Buch erfahren habe:

Zuallererst danke ich Simones Mutter, Anneliese Beck, und ihren Schwestern Christine und Magdalene. Ich konnte sie zu jeder Zeit befragen und immer wieder nachbohren, wenn ich mir Ereignisse nicht vorstellen konnte. Mit großer Geduld suchten sie Unterlagen heraus, erzählten mir freimütig Episoden aus Simones Leben und vermittelten mir viele Kontakte zu Menschen, die mit ihr zusammengearbeitet haben.

Silke Gabrisch hat mich mit der Aufgabe dieser Biografie für den Hänssler-Verlag betraut. Für die kompetente verlagliche Betreuung danke ich außerdem Tabea Gröhn und Marcus Beier.

Mein herzlicher Dank gilt meiner Lektorin Dr. Ulrike Schilling, die den ganzen Text einfühlsam, gründlich und kritisch-konstruktiv unter die Lupe nahm.

Besonders danke ich Andreas Schäfer, Personalchef der OM-Schiffe, Mosbach. Er stellte mir alle Informationen zur Verfügung, die ich brauchte, um die beiden Einsatzjahre von Simone Beck auf dem Missions- und Bücherschiff Doulos zu verstehen und zu beschreiben.

Mein Schulenglisch reichte nicht aus, um die englischen Texte, die Simone verfasst hat oder die für sie geschrieben wurden, gut zu übersetzen. Dabei halfen mir Marie-Luise Bösch und Hardi Dreier.

An dieser Stelle möchte ich ganz besonders denjenigen danken, deren Namen ich aus Sicherheitsgründen nicht nennen kann. Es waren viele, die mir für Interviews zur Verfügung standen, die meine zahllosen Fragen mit freundlicher Geduld beantworteten. Ohne sie wäre dieses Buch nicht zustande gekommen.

Schließlich bin ich der Leitung meines Mutterhauses in Aidlingen und meinen Mitschwestern sehr dankbar, dass sie mir die Arbeit an der Biografie ermöglicht und mich in der Fürbitte begleitet haben.

ANMERKUNGEN

1 Gerald Hüther: Was wir sind und was wir sein könnten, Ein neurobiologischer Mutmacher, Frankfurt/Main, [12]2011.

2 Da es nicht möglich war, alle Personen um Erlaubnis für den Druck zu fragen, werden die Texte anonym wiedergegeben.

3 Die ungekürzte Andacht im Anhang Seite 203–210. Die Bibelstelle am Anfang ist vermutlich eine eigene Übersetzung von Simone.

4 Jochen Klepper: Trostlied am Totensonntag, in: ders.: Kyrie. Geistliche Lieder, Witten 1951, S. 63.

5 Theodor Fontane: Das Trauerspiel von Afghanistan, in: ders.: Gedichte, Stuttgart/Berlin [10]1905, S. 193–194.

6 Nicht-Regierungs-Organisationen, z. B. Hilfswerke in freier Trägerschaft, die vom jeweiligen Land die Erlaubnis bekommen, bestimmte Aufgaben wahrzunehmen (medizinische Projekte, Sprach- und Schulprojekte, Betreuung von Waisenhäusern, Wasserkraftprojekte usw.). Gegenwärtig sind etwa 150 NGOs in Afghanistan offiziell gelistet.

7 Die deutschen Brüder in Kabul sind inzwischen auch im Ruhestandsalter. Sollten sich keine Nachfolger in diesen Dienst rufen lassen, muss diese segensreiche Arbeit beendet werden.

8 In Afghanistan kamen 59 deutsche Soldaten ums Leben (Stand 2019). Andere kamen schwer verwundet und traumatisiert wieder zurück nach Deutschland. Ein hoher Preis, den die Soldaten und Soldatinnen der Bundeswehr und ihre Angehörigen entrichteten.

9 Jochen Klepper: Weihnachtslied, in: ders.: Kyrie. Geistliche Lieder, Witten 1951, S. 27.

10 Schlusschoral aus der Kantate Nr. 60: »O Ewigkeit, du Donnerwort« von Johann Sebastian Bach.

11 Der gesamte Bibeltext ist vermutlich eine eigene Übersetzung von Simone.

12 Da es nicht möglich war, alle Personen um Erlaubnis für den Druck zu fragen, werden die Texte anonym wiedergegeben.

13 Es ist zu vermuten, dass Simone in ihrer tiefen Erschöpfung und Anfechtung wünschte, bei ihrer Geburt gestorben zu sein.